東施妹妹愛搞怪

愛搞怪

成語故事
模擬PISA實戰版

陳淑玲　呂倩如
趙文霙　周芃谷 / 合著

五南圖書出版公司 印行

作者簡介

陳淑玲

學　歷：國立台北教育大學「語文與創作學系」碩士

著　作：聯合報系「閱讀素養」、「作文」教材；跨世紀語文新指標——國小高年級「閱讀心、寫作情」系列叢書三冊〈華英書局出版〉等等。

呂倩如

學　歷：國立台北教育大學「語文與創作學系」；台北大學中文所進修中

著　作：聯合報系「閱讀素養」、「作文」、「暑期高中非選與古文閱讀」教材。

趙文霙

學　歷：台北市立教育大學中文所碩士

著　作：聯合報系「閱讀素養」、「作文」教材；聯合報國小中年級、高年級暑期作文營隊講義編撰；聯合報新聞媒體素養寫作講義編撰等等。

周芃谷

學　歷：東吳大學中國文學所碩士

著　作：聯合報系「閱讀素養」、「作文」教材；聯合報國小中年級、高年級暑期作文營隊講義編撰等等。

目　錄
contents

陳淑玲

有夠摳門的人

春秋戰國時代出現了很多名人，他們個個學問淵博，又很有獨特的見解，譬如：孟子主張人是天生善良的；荀子卻認為人天生是壞胚子。每個人都有自己的想法，誰也不肯聽誰的。

其中有個叫楊朱的人，提出了非常勁爆的想法。

他說：「人天生是善良或邪惡，這沒有什麼好爭吵的，我倒認為最重要的是要對自己好，要為自己著想，不可以吃虧，不能夠被別人占便宜。」

「嗯！講得好，我贊成。」有人十分認同楊朱的主張。

楊朱瞧見自己的想法有人附和，不禁得意地說：「還有，要記住，我們做人一定要站在自己的立場打算，就算是為了天下人的利益，要我們拔出一根細毛，我們也不要答應。」

對於楊朱的說法，孟子不客氣的嗆了回去，他批評楊朱是個自私自利，一毛不拔的人。

後來「一毛不拔」這句成語也可以用來形容人很吝嗇，很摳門！

一毛不拔

 形容人非常吝嗇，連一根細毛也不願意拔下來。

 你們說，誰會喜歡斤斤計較，一毛不拔的人？

 嗜財如命

 一擲千金、揮金如土

 拔刀相助 → 助人為樂 → 樂天安命

① 根據「一毛不拔／有夠摳門的人」故事內容，下列的敘述何者正確？

（A）孟子是個蛇蠍心腸的人。

（B）孔子提倡仁愛精神。

（C）楊朱自私自利。

（D）荀子一毛不拔。

【擷取與檢索】

【提取訊息】

② 以下四句中，「引號內」詞語的運用何者不恰當？

（A）他既自私又吝嗇，是個「一毛不拔」的鐵公雞。

（B）台北市信義區土地寸土寸金，只能用「揮金如土」來形容。

（C）我過去財力雄厚，可「一擲千金」；現在卻家徒四壁，窮困潦倒。

（D）他「愛財如命」，絕不會輕言捐出善款做公益。

❸ 楊朱：「就算是為了天下人的利益，要我們拔出一根細毛，我們也不要答應。」他這樣的想法與做法和下列哪個人的行為類似？

（A）小明：同樂會帶了巧克力、餅乾、可樂與同學們分享。

（B）大華：向同學勒索保護費，若同學不從則暴力相向。

（C）小胖：把早餐中的薯餅分給班上瘦弱矮小的同學吃。

（D）小英：寧可看沒帶傘的同學冒雨走路回家，也不願借同學錢搭公車。

❹ 「一毛不拔／有夠摳門的人」故事中對孟子的描述也不少，第一段提到：「孟子主張人是天生善良的。」

最後一段又提到：「對於楊朱的說法，孟子不客氣的嗆了回去，他批評楊朱是個自私自利，一毛不拔的人。」根據這些描述及全文中楊朱的言論，你認為本文想凸顯「孟子」和「楊朱」有什麼不同的觀點？

（A）孟子相信人性本善，人應依天性樂於助人；楊朱強調人性本自私，一毛不拔並沒有錯。

（B）孟子不懂真正的人性；楊朱所言才是真正的人性。

（C）孟子慷慨大方；楊朱吝嗇摳門。

（D）孟子天性善良：楊朱天性不善。

【省思與評鑑】
【比較評估】

❺「一毛不拔 / 有夠摳門的人」故事中提到了「孟子」、「荀子」、「楊朱」對人性的不同見解，甚至處世之道，各有各的道理與立場。如果你是春秋戰國時期的某國君主，為了一統天下，你想採取哪個人的想法作為治理國家的最高宗旨？請說明採用的理由。

【省思與評鑑】
【比較評估】

參考答案

第❶題

> **滿分**

（C）楊朱自私自利。

> → 在文本中即可擷取訊息。

> **零分**

其他答案或沒有作答

（A）孟子是個蛇蠍心腸的人。

> → 文本中未提及。

（B）孔子提倡仁愛精神。

> → 文本中未曾出現孔子。

（D）荀子一毛不拔。

> → 一毛不拔者爲「楊朱」，非「荀子」。

第❷題

（**B**）台北市信義區土地寸土寸金，只能用「揮金如土」來形容。

→「揮金如土」形容任意揮霍錢財，毫不在乎。

零分 其他答案或沒有作答
（**A**）（**C**）（**D**）均正確。

第❸題

（**D**）小英：寧可看沒帶傘的同學冒雨走路回家，也不願借同學錢搭公車。

→ 與楊朱「拔一毛利天下不爲」的題幹意旨相似。

零分 其他答案或沒有作答
（**A**）小明：同樂會帶了巧克力、餅乾、可樂與同學們分享。

→ 願與人分享，與題幹意旨不合。

（B）大華：向同學勒索保護費，若同學不從則暴力相
　　　向。

→ 霸凌，與題幹無關。

（C）小胖：把早餐中的薯餅分給班上瘦弱矮小的同
　　　學吃。

→ 願與人分享，與題幹意旨不合。

第❹題

滿分　（A）孟子相信人性本善，人應依天性樂於助人；
　　　　楊朱強調人性本自私，一毛不拔並沒有錯。

→ 能據題幹敘述及要求，對比兩者的不同觀點。

零分　其他答案或沒有作答

（B）孟子不懂真正的人性；楊朱所言才是真正的人
　　　性。

→ 並非文本及本題意旨。

（C）孟子慷慨大方；楊朱小氣吝嗇。

→ 文本中未提及孟子慷慨大方。

（D）孟子天性善良：楊朱天性不善。

→ 文本中未提及楊朱天性不善。

第5題

滿分 能明確說出採用何人的想法及內容，並且說明這想法在治理國家、統一天下上的優點。

參考解答

1 孟子，強調人性本善。以善念治天下，則天下歸心。

2 荀子，強調人性本惡。治國者應了解人都有劣根性，針對人性的弱點去防範或利誘，才能使在下位者及人民都聽命於朝廷。

3 楊朱，強調人性自私為己。治國者若能善用人性的自私、不願互助特性，即可瓦解軍閥彼此勾結謀反意圖，減少內戰，使人民休養生息。在統一大業上，亦可善用此人性弱點，摧毀各國間的合縱、連橫計畫。

以上三組答案，擇一回答即可。

部分分數 能說出採用何人想法，但未能清楚解釋此想法在治理國家、統一天下上的優點。或綜合評述三者想法，卻沒清楚說明採用何者。

零分「答案不充分或意思含糊」或「對文本的理解不精確，或答案不合理或與問題無關」。

A. 「答案不充分或意思含糊」，例如：

❶ 孟子，他的想法對治國很有幫助。

❷ 荀子，他懂人性，所以採用他的方法是對的。

B. 「對文本的理解不精確，或答案不合理或與問題無關」，例如：

❶ 孟子，我很認同他的觀點。

❷ 我會用自己的方法治國、一統天下。

沒有恆心的齊宣王

戰國時代的孟子周遊列國，苦口婆心地勸君主要用仁愛治理國家，不要成天想發動戰爭。孟子的主張，很受人們讚揚。

當時的齊宣王雖然懶得用心治國，卻野心勃勃，想趁機吞併弱小的國家。他為了掩飾自己的野心，就刻意找孟子來宣揚學說，表示自己也是愛民的好君王。

「孟子呀！其實我很贊同你的學說，因為我也是仁君，哈哈哈……」齊宣王笑得虛情假意。

孟子早就看出齊宣王的用意，他耐著性子說：「大王把容易存活的生物放在太陽下曝晒一天，接著又放在寒冷的地方十天，像這樣一暴十寒，即使生命力再強韌，也沒有辦法存活呀！」孟子看了看齊宣王，語重心長地接下去說：「同樣的，就算我能幫大王治國，但是當我離開齊國後，那些小人就來搖動大王向善的決心，這樣不是前功盡棄嗎？」

齊宣王本來就不是真的想用仁愛治國，他對於孟子的比喻，也只是敷衍應對，根本聽不進去。

一暴十寒

 晒一天，凍十天，比喻做事情缺乏恆心毅力。暴：
晒。同「曝」。

 讀書要有耐心，不能一暴十寒，你知道嗎？

 三天打漁，兩天晒網

 持之以恆

 寒風刺骨 → 骨肉分離 → 離鄉背井

1. 根據「一暴十寒／沒有恆心的齊宣王」故事內容，下列的敘述何者正確？

   (A) 齊宣王勤政愛民。

   (B) 孟子得到齊宣王賞識，學說得以落實。

   (C) 孟子勸君主要以仁愛治國。

   (D) 齊宣王聽進了孟子「一暴十寒」故事的勸諫，所以成為明君。

PISA 【擷取與檢索】

PIRLS 【提取訊息】

2. 以下四句中，「引號內」詞語的運用何者不恰當？

   (A) 他準備考試的態度總是「三天打漁、兩天晒網」，成績始終不見起色。

   (B) 他在夏天時喜歡去海邊「一暴十寒」，享受清涼的海水。

（C）哥哥做每件事都能「持之以恆」，絕不半途而廢。

（D）姐姐練歌「一日暴之，十日寒之」，難怪上台表演時荒腔走板。

【統整與解釋】

【詮釋整合】

❸ 孟子：「大王把容易存活的生物放在太陽下曝晒一天，接著又放在寒冷的地方十天，像這樣一暴十寒，即使生命力再強韌，也沒有辦法存活呀！」孟子上述的這段言論，和下列哪個狀況類似？

（A）文夔打網球，每天下課後準時到網球場報到。

（B）雅芬練習彈鋼琴，練習一天休息五天，嗓子始終開不了。

（C）彗傑早也練唱、晚也練唱，就是希望有朝一日可成為明日之星。

（D）忠義二十年來出海捕魚總是早出晚歸，不管氣候狀況如何，漁獲量都能維持一定水準，頗得中盤漁貨批發商肯定。

④「一暴十寒／沒有恆心的齊宣王」故事中有許多對孟子及齊宣王的描述，根據這些描述，你認為下述何者對「孟子」和「齊宣王」的評價較恰當？

（A）孟子主張君王應該用仁愛之心來治國，以人民為本；齊宣王並非真心愛民，因此對孟子的思想只是左耳進、右耳出。

（B）孟子主張一暴十寒的治國方式；齊宣王卻反對一暴十寒。

（C）孟子想用一暴十寒的故事來提醒齊宣王應遠離小人；齊宣王想用仁愛治國的理念來宣揚孟子的學說。

（D）孟子喜歡周遊列國；齊宣王想要併吞各國。

【省思與評鑑】

【比較評估】

⑤春秋戰國時代諸子百家爭鳴，其中戰國時期的「孟

子」繼承了儒家的傳統，以宅心仁厚的「仁愛」思想及「人性本善」等理念到各國講述學說，更倡導君王應愛民才能得民心。「一暴十寒／沒有恆心的齊宣王」故事中描述了「孟子」與「齊宣王」的互動及精彩對話，我們可以發現兩人幾乎是各有所圖，且毫無共識。如果你是「歷史評論學家」，你會如何去評論他們兩人？請針對「一暴十寒／沒有恆心的齊宣王」故事中對兩人的言行描述，說明你這樣評價的依據。

PISA 【省思與評鑑】

PIRLS 【比較評估】

參考答案

第 ① 題

滿分 （**C**）孟子勸君主要以仁愛治國。

> → 在文本中即可擷取訊息。

零分 其他答案或沒有作答

（**A**）齊宣王勤政愛民。

> → 文本第二段指出齊宣王懶得用心治國。

（**B**）孟子得到齊宣王賞識，學說得以落實。

> → 文本中表示齊宣王只是為了掩飾自己的野心，並非真心想用孟子的仁愛思想治國。

（**D**）齊宣王聽進了孟子「一暴十寒」故事的勸諫，所以成為明君。

> → 文本中表示齊宣王只是敷衍應對，根本聽不進孟子所言。

第 ❷ 題

満分 ▶（B）他在夏天時喜歡去海邊「一暴十寒」，享受清涼
的海水。

> → 「一暴十寒」意指在大太陽下曝晒一天，又接連
> 冷凍十天。比喻時而勤奮時而懈怠，沒有恆心。故
> 此用法有誤。

零分 ▶ 其他答案或沒有作答
（A）（C）（D）均正確。

第 ❸ 題

満分 ▶（B）雅芬練習彈鋼琴，練習一天休息五天，嗓子始終
開不了。

> → 與孟子「一暴十寒」的題幹故事意旨相似。

零分 ▶ 其他答案或沒有作答
（A）（C）（D）均是能夠持之以恆的例子，與題幹
意旨不合。

第 4 題

滿分（A）孟子主張君王應該用仁愛之心來治國，以人民為本；齊宣王並非真心愛民，因此對孟子的思想只是左耳進、右耳出。

→ 能根據文本的描述內容評價孟子及齊宣王。

零分其他答案或沒有作答

（B）孟子主張一暴十寒的治國方式；齊宣王卻反對一暴十寒。

→ 並非文本的意旨。孟子是用一暴十寒故事來提醒、勸說齊宣王應遠離小人，而非倡導「一暴十寒」的方式治國。

（C）孟子想用一暴十寒的故事來提醒齊宣王應遠離小人；齊宣王想用仁愛治國的理念來宣揚孟子的學說。

→ 文本未提及齊宣王想用仁愛治國理念來為孟子宣傳。

（D）孟子喜歡周遊列國；齊宣王想要併吞各國。

> → 文本中未提及孟子喜歡周遊列國，且若根據歷史背景及史料分析，孟子周遊列國是不得已，而非「喜歡」。

第 ⑤ 題

滿分　能分別評論「孟子」與「齊宣王」，並且能根據「一暴十寒／沒有恆心的齊宣王」這個故事中對兩人言行的描述去做評論。

參考解答　① 孟子是個明知不可為而為的人：

孟子苦口婆心地勸君主要用仁愛治理國家，即使他知道齊宣王並非真心想實施仁政，只是假裝禮遇自己，找自己來沽名釣譽，掩飾好戰貪婪的野心，但孟子仍耐著心與齊宣王對談，希望能讓齊宣王尋回人性善良的本心。可惜齊宣王依舊是當耳邊風。

② 齊宣王是個昏庸、聽不進忠告的人：

即使孟子用「一暴十寒」的例子來暗示齊宣王必須遠離小人，否則難以向善，但齊宣王只是敷衍應付孟子，不當一回事。

以上兩個答案均需寫出才完整。

能分別說出「孟子」及「齊宣王」是怎樣的人，但未能完整交代是根據「一暴十寒／沒有恆心的齊宣王」這個故事中哪些內容去評價。或是能簡述「一暴十寒／沒有恆心的齊宣王」這個故事中對兩人的言行描述，且能表達對兩人的是非褒貶，但卻無法統整做出明確、具體的評價。

零分 「答案不充分或意思含糊」或「對文本的理解不精確，或答案不合理或與問題無關」。

A.「答案不充分或意思含糊」，例如：

❶ 孟子比較適合當君主。

❷ 齊宣王不適合當國君。

B.「對文本的理解不精確，或答案不合理或與問題無關」，例如：

❶ 孟子不喜歡一暴十寒。

❷ 齊宣王喜歡一暴十寒。

好恐怖的魔鬼教頭

孫武是春秋時代最厲害的兵法家，他寫了一本書叫《孫子兵法》，內容是分析如何打仗，才能勝利。

有一天，孫武去求見吳王，想待在吳國發展。吳王聽了孫武的戰略分析後，非常的欣賞，但是他有一點懷疑，孫武真的那麼「神」嗎？他決定試一試。

吳王笑著說：「我可以考你如何指揮軍隊嗎？而且是用手無縛雞之力的娘子軍喵！」

「當然可以，這個簡單。」孫武自信滿滿地回答。

於是吳王命人召集宮中的嬪妃，共一百八十名，組成娘子軍。孫武先讓她們排好隊伍，然後選出吳王最寵愛的兩個嬪妃做隊長，並且再三交代，誰不聽命令，一律砍頭。

哪知那些娘子軍都不當作一回事，嘻嘻哈哈的，孫武連續下達三次口令，都沒有人理他。他一氣之下，命人把隊長拖下去砍頭，大家才一本正經地操練。

吳王雖然捨不得愛妃，但是軍令如山，他也不好說什麼了。

三令五申

 一而再，再而三地命令告誡。令：命令。申：陳述、說明。

 學校三令五申，不准學生曠課，難道你不知道嗎？

 耳提面命、再三叮嚀

 申訴無門 → 門可羅雀 → 雀屏中選

1 根據「三令五申 / 好恐怖的魔鬼教頭」故事內容，下列的敘述何者正確？

　（A）吳王對孫武不信任。

　（B）孫武殺吳王嬪妃，惹惱吳王。

　（C）孫武殺不聽軍令的嬪妃，從此建立軍中威信。

　（D）吳王疼惜愛妃，對孫武殺妃一事懷恨在心。

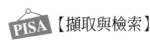【擷取與檢索】

【提取訊息】

2 以下四句中，「引號內」詞語的運用何者最恰當？

　（A）姐姐很注重「耳提面命」的保養功夫，她說提耳運動能讓臉部肌膚緊緻，因為面容的姣好比命還重要。

　（B）老師在畢業旅行出發前「三令五申」地告誡大家要注意安全。

（C）蚊子「再三叮嚀」，於是我的腿上腫了三個大包。

（D）小寶寶愛哭鬧，一直到三更半夜都還「三令五申」哭號。

PISA【統整與解釋】

PIRLS【詮釋整合】

❸ 「吳王為了考驗孫武的指揮軍隊能力，給了孫武一百八十名宮中嬪妃要他指揮。孫武再三告誡嬪妃須聽命令，這些嬪妃卻仍不當一回事，嘻嘻哈哈的，於是孫武將擔任隊長的兩位吳王愛妃砍頭以明軍威。」孫武這樣的做法和下列哪個人的行為目的類似？

（A）老師前一天表示沒交作業的人就不能去上體育課，幾位同學當耳邊風，沒交作業。後來老師罰他們掃地，不讓他們上體育課。

（B）小霙身體肥胖，媽媽苦心勸她別再吃零食，小霙卻不當一回事，於是越來越胖。

（C）班長請大家準時交班費，不交的人就要負責抬午餐、打掃廁所。

（D）老師表示運動會代表全班參加大隊接力競賽的每

位選手都必須努力練習，不努力的人就要被換將。

PISA 【統整與解釋】
PIRLS 【詮釋整合】

❹「三令五申／好恐怖的魔鬼教頭」故事中，我們看到了吳王與孫武的君臣互動，及吳王由原本對孫武帶兵能力的懷疑到佩服，甚至信任。這些過程及轉變都有賴孫武巧妙的謀略。在這故事裡，「吳王」與「孫武」的性格特色如何？以下的描述何者較貼切？

（A）吳王疑心病重；孫武殺人不眨眼。
（B）吳王貪戀美色；孫武不愛美色。
（C）吳王愛才惜才；孫武洞悉人性。
（D）吳王好大喜功；孫武恃寵而驕。

PISA 【省思與評鑑】
PIRLS 【比較評估】

❺「三令五申／好恐怖的魔鬼教頭」描述了孫武帶兵

謀略的其中一種方式——「三令五申」後「殺雞儆猴」。這樣的帶兵方式你認為「好」或「不好」？請說明理由。

【省思與評鑑】

PIRLS【比較評估】

參考答案

第 ① 題

滿分
（C）孫武殺不聽軍令的嬪妃，從此建立軍中威信。

→ 在文本中即可擷取訊息。

零分
其他答案或沒有作答
（A）吳王對孫武不信任。

→ 吳王僅起初懷疑孫武能力，但沒有不信任。

（B）孫武殺吳王嬪妃，惹惱吳王。

→ 吳王雖不捨愛妃，但服於軍令。

（D）吳王疼惜愛妃，對孫武殺妃一事懷恨在心。

→ 文本中並無明言吳王懷恨。

第❷題

（B）老師在畢業旅行出發前「三令五申」地告誡大家
要注意安全。

> → 「三令五申」指再三地命令告誡之意，因此
> （B）用法正確。

零分　其他答案或沒有作答
（A）（C）（D）用法均誤。

第❸題

滿分　（A）老師前一天表示沒交作業的人就不能去上體育
課，幾位同學當耳邊風，沒交作業。後來老師
罰他們掃地，不讓他們上體育課。

> → 與孫武作法類似，都是「三令五申」後確實執
> 行，以確立威信。

零分　其他答案或沒有作答
（B）（C）（D）均與題幹意旨無關。

第④題

（C）吳王愛才惜才；孫武洞悉人性。

→ 吳王寧可犧牲兩位愛妃，也要重用孫武，因此愛才惜才；孫武殺雞儆猴以確立軍威，可謂洞悉人性貪生怕死的特點。

其他答案或沒有作答

（A）吳王疑心病重；孫武殺人不眨眼。

→ 吳王是為了測試孫武有沒有吹牛，並非疑心病重；孫武殺吳王的愛妃是為了建立軍律。

（B）吳王貪戀美色；孫武不愛美色。

→ 文本中未提及，兩人對美色的貪戀與否。

（D）吳王好大喜功；孫武恃寵而驕。

→ 文本中不曾描述。

第⑤題

能省思評鑑在帶兵時「三令五申」後對不服從者「殺雞儆猴」的作法優劣，並能明確說明此做法「為何

好」或「爲何不好」。

參考解答 ① 好。因爲一再明確告誡後對不服從者施以處罰，才
能彰顯軍令如山，以求大衆的服從。如此才能建立
軍威，使士兵服從命令、言聽計從。

② 不好。雖然「殺雞儆猴」可讓士兵因畏懼而服從，
但可能會造成軍心惶恐不安，甚至軍隊叛變。

以上兩組答案，擇一回答即可。

部分分數 能說出「好」或「不好」，但未能充分且明確地說明
理由。

零分 「答案不充分或意思含糊」或「對文本的理解不精
確，或答案不合理或與問題無關」。

A.「答案不充分或意思含糊」，例如：

❶ 好，因爲一定要這樣才可以！

❷ 不好，因爲這樣不好！

B.「對文本的理解不精確，或答案不合理或與問題無
關」，例如：

❶ 好，因爲孫武很棒！

❷ 不好，因爲他殺了吳王愛妃。

羊咩咩在哪裡

戰國時代，楚國有位賢能的人叫莊辛，他看見楚襄王整天和小人在一起吃喝玩樂，不肯用心治理國事，心裡十分擔憂。「再這樣下去，楚國恐怕要滅亡了！」莊辛心急如焚，他打算向君王進諫。

這一天，楚襄王難得上朝，莊辛及時把握機會，上前稟報：「大王，微臣請您振作起來，別再沉迷享受，否則國家就危險了。」

「你這個老糊塗！沒事別唱衰國家！」楚襄王很不高興。莊辛無可奈何，只好請求先到趙國住一陣子，楚襄王還巴不得他快離開，也就隨他去。

沒幾個月，秦國率兵攻打楚國，把楚國打得落花流水。這時，楚襄王才後悔當初沒有聽莊辛的忠告，於是立刻派人請他回國。

楚襄王見了莊辛，急忙問他有沒有挽回政局的辦法，莊辛也誠懇地回答：「大王，羊跑了，才趕快修補羊圈，也不算太遲。只要大王遠離小人，用心治國，楚國還是有希望呀！」

這次楚襄王記取教訓，採納了莊辛的建言，專心地治理國家。

亡羊補牢

 比喻出了差錯，能立刻想辦法補救，還不算太遲。

 你能夠亡羊補牢，這件事還是有希望的。

 未雨綢繆、防患未然

接龍　牢不可破 → 破涕為笑 → 笑逐顏開

1 根據「亡羊補牢 / 羊咩咩在哪裡」故事內容，下列的敘述何者正確？

（A）莊辛是個烏鴉嘴的人，因此被楚襄王驅離出境。

（B）楚襄王不知悔改，所以莊辛定居趙國永不回來。

（C）莊辛躲避到趙國時，秦國攻打楚國。

（D）楚國國力不敵趙國，所以莊辛要移居趙國。

PISA【擷取與檢索】

PIRLS【提取訊息】

2 以下四句中，「引號內」詞語的運用何者不恰當？

（A）阿義月考數學不及格，老師請他「亡羊補牢」，多做練習題目。

（B）小玲做事情懂得「未雨綢繆」，事先做好萬全準備。

（C）靜儀說颱風來前要檢查門窗牢靠與否，並備好水

及乾糧，才能「防患未然」。

（D）他工作勞累後最喜歡羊肉三吃，因為聽說「亡羊補牢」最補。

PISA 【統整與解釋】

PIRLS 【詮釋整合】

❸ 莊辛勸楚襄王別沉迷享受，楚襄王卻很不高興地說：「你這個老糊塗！沒事別唱衰國家！」上述「莊辛與楚襄王的互動與對話」和下列哪個互動狀況最不相似？

（A）小玲：「你別再吃了，你已經越來越胖了！」

小霙：「別吵！我還瘦得很！」

（B）阿傑：「你要認真準備考試，否則會考差！」

阿芬：「別看不起我，我是天才！我才不需要像你這樣努力呢！」

（C）小漢：「運動會快到了，你要多練習跑步與傳接棒，才能更有勝算！」

小童：「我才沒把別班看在眼裡呢！他們那些三腳貓，我隨便都贏他們！」

（D）阿發：「天陰陰的，好像快下雨囉！」

小谷：「我會記得帶傘的，謝謝你提醒喔！」

PISA 【統整與解釋】

PIRLS 【詮釋整合】

❹ 「亡羊補牢／羊咩咩在哪裡」故事描述了楚襄王從一開始不把莊辛的話當一回事，到後來請莊辛回國，並且專心治國。故事中把這兩個人物的形象特色刻劃得很精彩，請問以下敘述何者符合故事中的人物形象描述？

(A) 楚襄王知過能改；莊辛洞燭機先。

(B) 楚襄王冥頑不靈；莊辛逃離避世。

(C) 楚襄王誠心悔改；莊辛得理不饒人。

(D) 楚襄王荒淫無道：莊辛行事低調。

PISA 【省思與評鑑】

PIRLS 【比較評估】

❺ 「亡羊補牢／羊咩咩在哪裡」 故事中「莊辛」扮演著相當重要的角色，且他的形象鮮明，令人印象深刻。

根據故事內容，你認為莊辛是怎樣的一個人？請寫出兩種不同的看法，並且指出是根據哪些文句中的描述，讓你這樣評價他。

【省思與評鑑】

【比較評估】

參考答案

第 **1** 題

滿分 ▶ （**C**）莊辛躲避到趙國時，秦國攻打楚國。

> → 在文本中即可擷取訊息。

零分 ▶ 其他答案或沒有作答

（**A**）莊辛是個烏鴉嘴的人，因此被楚襄王驅離出
　　　 境。

> → 莊辛是有先見之明，且是自請移居趙國，並非被
> 驅離。

（**B**）楚襄王不知悔改，所以莊辛定居趙國永不回
　　　 來。

> → 楚襄王有悔改，莊辛也有回楚國。

（**D**）楚國國力不敵趙國，所以莊辛要移居趙國。

> → 文本中未提及。

第 ② 題

満分 ▶ （D）他工作勞累後最喜歡羊肉三吃，因為聽說「亡羊補牢」最補。

> → 「亡羊補牢」比喻受到損失後，及時想法子補救，還不算太遲。故此用法有誤。

零分 ▶ 其他答案或沒有作答
（A）（B）（C）均正確。

第 ③ 題

満分 ▶ （D）阿發：「天陰陰的，好像快下雨囉！」
小谷：「我會記得帶傘的，謝謝你提醒喔！」

> → 題幹是「楚懷王不理會莊辛忠告，且怒斥莊辛」（D）選項則是「小谷採納阿發忠告」，故與題幹意旨最不相似。

零分 ▶ 其他答案或沒有作答
（A）（B）（C）均與題幹意旨相似。

第 4 題

 滿分

（**A**）楚襄王知過能改；莊辛洞燭機先。

> → 能依據故事內容對人物描述，掌握人物形象特色。

零分 其他答案或沒有作答

（**B**）楚襄王冥頑不靈；莊辛逃離避世。

> → 楚襄王最後有聽取莊辛建言，因此並非冥頑不靈。

（注：史實中楚襄王最後仍因領導無方，使得秦軍攻入楚國的首都郢）

（**C**）楚襄王誠心悔改；莊辛得理不饒人。

> → 莊辛後來誠懇回應楚襄王，並沒有得理不饒人。

（**D**）楚襄王荒淫無道：莊辛行事低調。

> → 莊辛勇於建言，行事高調。

第 5 題

滿分 能有兩種不同的看法去評價莊辛，且能引述出故事內容中的依據。

參考解答

1 莊辛是個洞燭機先，有先見之明的人。

　　理由：故事中莊辛勸諫楚襄王無效，心知國必有危難，於是請求至趙國避難。沒幾個月，秦國即率兵攻打楚國，可見莊辛有先見之明。

2 莊辛是個憂心國事，勇於建言的人。

　　理由：故事中莊辛見楚襄王親小人、好逸樂，於是勇於規勸。雖然起初楚襄王置之不理，他到趙國避難，但楚襄王醒悟後想亡羊補牢，莊辛不計前嫌，繼續給予建言，只盼楚襄王專心治國。

必須回答兩組答案，才符合題目要求。

部分分數

能對莊辛有兩種不同的看法，但無法完整引述根據文本中的哪些內容，或不完全能針對「對莊辛的看法評價」去引述內容。或是僅有一種看法評價。

零分

「答案不充分或意思含糊」或「對文本的理解不精確，或答案不合理或與問題無關」。

A.「答案不充分或意思含糊」，例如：

莊辛很愛國！理由：他是為楚國好。

B.「對文本的理解不精確，或答案不合理或與問題無關」，例如：

莊辛愛唱衰！理由：他唱衰楚國。

活在人間煉獄

東晉時期，前秦是五胡中兵力最強的國家，前秦的君王符堅很用心治理政事，任用王猛當宰相，把國家治理得有聲有色。

但是好景不常，宰相王猛死了，這對君王符堅來說，是巨大的打擊，就像失去了左右手。

「我不相信沒有王猛，就不能完成統一的大業。」符堅決定了，他領著百萬雄兵，大舉侵略晉朝王室，兩軍在淝水打得天昏地暗。

結果，符堅被東晉名將謝玄打得落花流水，人也死了，這場戰役就是歷史上著名的「淝水之戰」。

符堅一死，手下的大將紛紛叛變，自己宣布當皇帝，國家陷入四分五裂的局面，人民生活困苦。

後來，有人擁戴符堅的兒子符丕登上王位，準備討伐叛將，他們說：「這些人害得百姓生活痛苦，就像在爛泥裡和炭火中，我們要拯救人民！」而「生靈塗炭」這句成語，說得就是這個故事。

生靈塗炭

 形容人民像陷在爛泥巴裡,掉在炭火裡那麼的痛苦。生靈:指百姓。塗炭:比喻處境困苦。

 這個地方接二連三地發生海嘯和大地震,生靈塗炭,人民生活過得很艱苦。

 水深火熱、民不聊生、哀鴻遍野

 安居樂業、國泰民安

① 根據「生靈塗炭／活在人間煉獄」故事內容，下列何者正確？

（A）苻堅戰勝苻丕。

（B）王猛戰勝苻丕。

（C）謝玄被苻堅打敗。

（D）苻堅被謝玄打敗。

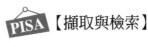【擷取與檢索】

【提取訊息】

② 下列選項何者可能面臨「生靈塗炭」的情況？

（A）好朋友們一起參加生日派對。

（B）土地遭受颱風侵襲，引起土質流失。

（C）秋天農人忙於收割作物，日出而作，日落還未必能休息。

（D）童子軍練習野外求生，運用身旁的物品升火。

❸ 戰爭時，好戰的人「害得百姓生活痛苦，就像在爛泥裡和炭火中」。「引號內」內的句子意思不適合用下列何者來形容？

（A）水深火熱。

（B）哀鴻遍野。

（C）如火如荼。

（D）民不聊生。

❹ 苻堅信任的左右手王猛過世了，仍然堅持出兵打仗，你覺得他最可能的心態是什麼？

（A）苻堅悲憤不已，要為王猛復仇。

（B）苻堅禁不起敵軍挑釁。

（C）苻堅雄心過盛，對自己過分有自信。

（D）苻堅必須把握時間，搶先討伐叛將。

 【省思與評鑑】

【比較評估】

⑤ 苻堅過世對前秦的衝擊影響甚重，若你是當朝的臣
子，此時是支持出征或停戰？請簡要寫下你的建議。

 【省思與評鑑】

【比較評估】

參考答案

第❶題

滿分 （**C**）苻堅被謝玄打敗。

→ 在文本中即可擷取訊息。

零分 其他答案或沒有作答
（**A**）（**B**）（**C**）皆未符合文中敘述的關係。

第❷題

滿分 （**B**）土地遭受颱風侵襲，引起土質流失。

→ 颱風肆虐的結果易使百姓生活困苦，符合「生靈塗炭」之意。

零分 其他答案或沒有作答
（**A**）好朋友們一起參加生日派對。

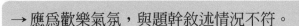

→ 應爲歡樂氣氛，與題幹敘述情況不符。

（C）秋天農人忙於收割作物，日出而作，日落還未必能休息。

→ 關乎農人收割的忙碌或豐收的喜悅，與題幹意思無關。

（D）童子軍練習野外求生，運用身旁的物品升火。

→ 與題幹意思無關。

第 ③ 題

滿分 （C）如火如荼。

→ 比喻氣勢旺盛或氣氛熱烈。

零分 其他答案或沒有作答

（A）水深火熱。

→ 比喻處境艱困、痛苦。

（B）哀鴻遍野。

→ 比喻到處都是流離失所的難民。

（**D**）民不聊生。

→ 人民無法生活下去。形容百姓生活非常困苦。

第④題

滿分（**C**）苻堅雄心過盛，對自己過分有自信。

→ 從文本中苻堅說：「我不相信沒有王猛，就不能完成統一的大業。」可探知其心態。

零分其他答案或沒有作答

（**A**）苻堅悲憤不已，要為王猛復仇。

→ 文中未提及此因果關係。

（**B**）苻堅禁不起敵軍挑釁。

→ 晉朝軍隊並沒有挑釁苻堅。

（**D**）苻堅必須把握時間，搶先討伐叛將。

→ 苻堅的兒子苻丕即位後，才準備討伐叛將，文本中沒有強調把握時間。

第 ⑤ 題

滿分 能表達出個人贊同或反對的立場，並且說明原由須合理通順。

參考解答

1 我覺得此刻應該出征，繼續追擊，讓人民知道君王不會因為損失一名大臣就一蹶不振，反而可以藉此事激勵軍心，要大家更拿出魄力，爭一口氣。尤其現今君王手下的大將這麼多，君王不趁現在鞏固勢力，更待何時呢？

2 我認為應該停戰，趁著亂世人心惶惶的時候，立刻停下戰火，讓人民休息。如此一來，苻堅可表現出體恤百姓的氣度，更贏得民心，還能同時加強操練兵力，日後即使仍要打仗，也會得到更多人的認同。

以上答案選擇一項回答即可。

部分分數 僅能寫出自己贊成與否的立場，缺乏理由完整說明；或者只有解釋，少了個人明確的觀點。

零分 「答案不充分或意思含糊」或「對文本的理解不精確，或答案不合理或與問題無關」。

A. 「答案不充分或意思含糊」，例如：

❶ 都可以，只要君王滿意就好。

❷ 這是個人看法，沒有一定的結論。

B. 「對文本的理解不精確，或答案不合理或與問題無
　　關」，例如：

❶ 停戰時百姓的生活會較安定。

❷ 我支持繼續出征，人們會得到安寧。（不合邏輯）

搶先機才能贏

　　秦朝末年，胡亥統治天下，他是個殘暴的皇帝，對人民絲毫不關心，所以引起百姓的怨恨，紛紛組成反抗軍，要推翻秦朝。

　　歷史上有名的西楚霸王——項羽，也和叔叔項梁帶領軍隊起來抗秦。

　　項梁是個足智多謀的人，加上項羽又勇敢講義氣，所以兩人在地方上很有名望，大家都認爲推翻秦朝，一定得靠他們。

　　那時候，很多有實力的人都想殺了胡亥，自己當皇帝。其中有個叫殷通的郡守，很想找項梁合作，他說：「項梁，很多事情只要能夠掌握最先又最有利的機會，就能輕而易舉地打敗對方，不如我們攜手合作，推翻秦朝吧！」

　　「哈哈！您太抬舉我了。我的年紀都一大把了，恐怕心有餘而力不足。」項梁並不想和殷通合作，所以客氣地回絕了。

　　殷通對項梁講的話傳開後，後來就演變成「先發制人」這句成語，比喻做事情要懂得掌握機會，才容易制服敵人。

先發制人

 指先發動攻擊來制服別人。發：發動。制：制服。

 這場籃球比賽誰能先發制人，就可以獲得勝利。

 先聲奪人、先下手為強

接龍 人山人海 → 海底撈月 → 月白風清

1 根據「先發制人／搶先機才能贏」故事內容，百姓紛紛起身反抗，要推翻當時的朝代，下列何者不可能是反抗軍成員？

（A）項羽。

（B）胡亥。

（C）項梁。

（D）殷通。

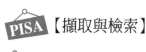【擷取與檢索】

【提取訊息】

2 下列四種情形，何者不適合以「先發制人」來形容？

（A）警察持續跟監觀察，等歹徒正要犯案時便立刻出動逮捕。

（B）棒球比賽時，先攻的球隊率先拿分，造成對手壓力。

（**C**）一大早出門上課，早早先到公車站牌前等待，以免錯過車班。

（**D**）辯論時，先發言的人言語犀利，句句說得對方啞口無言。

3 「眾多補習班為了新學期的招生，紛紛在暑假前就『先下手為強』，大肆廣告，希望能招收到許多學生。」句子中的「先下手為強」可用哪個詞替代？

（**A**）洞燭機先。

（**B**）先聲奪人。

（**C**）名不虛傳。

（**D**）名列前茅。

4 項梁不想和殷通合作，便回絕殷通：「您太抬舉我

了。我的年紀都一大把了，恐怕心有餘而力不足。」
這樣的說法屬於以下哪種方式？

（A）直接。

（B）自我解嘲。

（C）委婉。

（D）迴避。

【省思與評鑑】

【比較評估】

5 「很多事情只要能夠掌握最先又最有利的機會，就能
輕而易舉地打敗對方。」殷通以此試圖說服項梁攜手
合作，你認為他是看見哪些可能推翻秦朝的先機？請
根據故事判斷，試著列出兩點。

【省思與評鑑】

【比較評估】

參考答案

第 ① 題

滿分 →

（**B**）胡亥。

→ 在文本第一段即可擷取訊息，身為殘暴的皇帝，不可能推翻自己。

零分 →

其他答案或沒有作答

（**A**）項羽。

→ 和項梁合作抗秦。

（**C**）項梁。

→ 和項羽合作抗秦。

（**D**）殷通。

→ 試圖說服項梁一起推翻秦朝。

第②題

滿分 ▶ （C）一大早出門上課，早早先到公車站牌前等待，
以免錯過車班。

> → 僅是預先提早準備，並無需要「制伏他人」之
> 處。

零分 ▶ 其他答案或沒有作答
（A）（B）（D）均使用正確。

第③題

滿分 ▶ （B）先聲奪人。

> → 比喻先壯大自己的聲勢以壓制對方。

零分 ▶ 其他答案或沒有作答
（A）洞燭機先。

> → 預先察知事情的發展、徵兆。

（C）名不虛傳。

> → 名聲與實際相符。

（D）名列前茅。

→「前茅」爲古代行軍打仗時，前行士兵所拿作爲
旗幟的茅草。「名列前茅」則形容名字排在前面。

第④題

滿分 ▶ （C）委婉。

→委婉語是用一種不能明說而能使人感到愉快或含
糊的說法，代替具有令人不悅的含意或不夠尊敬的
表達方法。文中項梁並未直接表明自己不想和殷通
合作，而是以「年紀一大把」的理由客氣拒絕。

零分 ▶ 其他答案或沒有作答

（A）直接。

→絲毫不加掩飾的。

（B）自我解嘲。

→指用言語或行動爲自己掩蓋或辯解被人嘲笑的糗
事。

（D）迴避。

→ 不直接面對，避開而不回應。

第 ⑤ 題

滿分

能依照故事所提，評估出人心思變的原因，並明確列
出兩項推翻秦朝的合適條件，說明所見的機會所在。

參考解答

1 秦朝胡亥的治理殘暴，對百姓毫不關心，使人民心
生怨恨，想推翻胡亥的政權。

2 當時想要推翻秦朝政權的人雖然不少，但是各自起
頭，勢力分散，還沒有新的定局。如果能有一方隊
伍率先稱霸，讓眾人的期望有所寄託，反秦的目標
會更易達成。

3 當各方英雄反動抗秦時，未必人人有足夠的能力平
定天下，而殷通觀察項羽的軍隊規模充足，智勇
人才兼備，即使其他群雄爭先，但最後項羽仍有稱
霸、治理全國的實力，因此趁早與他結合，以求自
己的勢力穩固。

以上參考內容選擇兩項回答即可。

部分分數

僅能列出一點原因加以說明。或者點出了兩項原因，
但是語意表達並不完整。

零分 ▶ 「答案不充分或意思含糊」或「對文本的理解不精確，或答案不合理或與問題無關」。

A. 「答案不充分或意思含糊」，例如：

❶ 秦朝沒有聰明的執政者。

❷ 同一時期有更厲害的軍隊出現。

B. 「對文本的理解不精確，或答案不合理或與問題無關」，例如：

❶ 殷通有預知能力，知道秦朝一定會衰敗。

❷ 項羽軍隊大肆招募人馬，殷通想尋求合作統一天下。

一場懸疑的火災

古時候有個富翁，他花了大筆黃金蓋了一棟氣派的房子。

「聽說所有木材都是頂極的。」市集上有人聊了起來。

「沒錯！我的鄰居是蓋那棟房子的工匠，他最清楚了。」另一人說。

房子落成後，主人夜以繼日地趕工裝潢，終於在黃道吉日完成了。他心花怒放之下，大擺流水席，請來街坊鄰居吃吃喝喝，十分開心。

其中有個人發現廚房的煙囪是直的，旁邊又堆著一綑又一綑的柴火，他好意地告訴主人，直煙囪很容易引起火災，加上一旁又堆著大批柴火，更加的危險。但是主人並沒有放在心上。

後來，果然發生大火，幸好有鄰人幫忙滅火，火勢才沒有蔓延。主人很感激大家，又大擺筵席請客，卻忘了請當初勸告他的客人。別人提醒他，如果那時候肯聽建議，就不會發生火災了，所以那位客人的功勞最大。

而「曲突徙薪」就是從這個故事，發展成一句成語。

曲突徙薪

 把煙囪改彎，把木柴移走，比喻在出事前，能夠預先防範。突：煙囪。

 曲突徙薪的故事，告訴我們事先防範很重要。

 未雨綢繆、有備無患、防患未然

 亡羊補牢、臨渴掘井

 薪火相傳 → 傳宗接代 → 代人捉刀

① 根據「曲突徙薪／一場懸疑的火災」故事內容，柴火
放在廚房的哪個位置最容易有火災危險？

（A）餐桌旁。

（B）煙囪旁。

（C）廚房入口。

（D）煤油燈旁。

PISA 【擷取與檢索】

PIRLS 【提取訊息】

② 下列四個句子搭配所使用的成語，請判斷何者情況和
其他三者不同？

（A）富翁的新居落成，裝飾相當華麗，出門卻常忘了
上鎖，直到一次遭竊後，才「亡羊補牢」，加裝
保全系統並記得上鎖。

（B）如同「曲突徙薪」一般，防火巷一定要時時保持

淨空，不可以堆積雜物。

（C）為了「防患未然」，爸爸都會定期檢查家中的電器設備，注意線路是否老舊需要更換。

（D）登山前，他早已「未雨綢繆」，準備好防蚊液和傘具，以應付可能的突發狀況。

❸ 當富翁在新居宴客，有人觀察了屋內的擺設而提出建議，這名當初提醒富翁移開柴火的人，具有什麼特質？

（A）有遠見。

（B）有未卜先知的能力。

（C）喜愛恐嚇他人。

（D）充滿心機。

❹ 下列何者應該是「曲突徙薪／一場懸疑的火災」一文的主旨？

（A）宴請客人要越多越好，才能有許多真心相待的好友可以互相幫忙。

（B）廚房當中不應該堆放薪柴。

（C）他人給予建議時一定要多多參考採納。

（D）在事情未發生之前，要能夠預先防範。

【省思與評鑑】

【比較評估】

❺ 富翁在發生火災後又大擺筵席請客，旁人提醒他：這回忘記邀請當初提出勸告的人，那人的功勞應該最大。如果你是富翁，此刻的心情可能有什麼轉變？請寫下來並簡要列出原因。

【省思與評鑑】

【比較評估】

參考答案

第 ❶ 題

滿分 （**B**）煙囪旁。

> → 在文本中即可擷取訊息。

零分 其他答案或沒有作答

（**A**）餐桌旁。

> → 文本中僅提到大擺流水席、筵席請客。

（**C**）廚房入口。

> → 文本中未針對廚房入口有任何描述。

（**D**）煤油燈旁。

> → 文本中未出現煤油燈。

第 ❷ 題

滿分

（A）富翁的新居落成，裝飾相當華麗，出門卻常忘了上鎖，直到一次遭竊後，才「亡羊補牢」，加裝保全系統並記得上鎖。

→ 本意指丟失了羊，就趕快修補羊圈，還不算晚。後來比喻犯錯後及時更正，尚能補救。

零分

其他答案或沒有作答

（B）如同「曲突徙薪」一般，防火巷一定要時時保持淨空，不可以堆積雜物。

→ 「曲突徙薪」指把煙囪改彎，把木柴移走，比喻在出事前，能夠預先防範。

（C）為了「防患未然」，爸爸都會定期檢查家中的電器設備，注意線路是否老舊需要更換。

→ 「防患未然」指在禍患沒有發生之前就加以防備。

（D）登山前，他早已「未雨綢繆」，準備好防蚊液和傘具，以應付可能的突發狀況。

→ 「未雨綢繆」源於鴟鴞（ㄔ ㄒㄧㄠ）在還沒有下雨前，便開始準備修補窩巢。後來比喻事先預備，避免後患。

第 ③ 題

滿分　（**A**）有遠見。

> → 提出勸告的人能依當下所見、觀察，統合資訊做出合理而正確的預測判斷，可知較一般人的思想更長遠、周延。

零分　其他答案或沒有作答

（**B**）有未卜先知的能力。

> → 少了根據事實現象的判斷推測，和文本所言不符。

（**C**）喜愛恐嚇他人。

> → 文本中人物所言屬於勸告，此選項不相符。

（**D**）充滿心機。

> → 勸告者應是深思熟慮，心機並非重點。

第 ④ 題

滿分　（**D**）在事情未發生之前，要能夠預先防範。

> → 能根據故事發展，理解在情節安排的背後所隱含的寓意。

零分 其他答案或沒有作答

（A）宴請客人要越多越好，才能有許多真心相待的好友可以互相幫忙。

> → 並非文本及本題意旨。

（B）廚房當中不應該堆放薪柴。

> → 僅故事情節，並非主要的文本意旨。

（C）他人給予建議時一定要多多參考採納。

> → 文本中未提及此概念。

第 5 題

滿分 能依題目要求，針對富翁情況推測心情，給予形容詞彙，並且列出不同的心境才能合乎「轉折」，同時合理的完整說明。

參考解答 1 如果我是富翁，會從原本的感激、開心變得懊悔自責。

感激、開心的原因是有眾人的幫忙，才能免於更大的災難。

懊悔自責的原因是自己竟然糊塗，忘了邀請當初看清事情根本、給我建議的人，這是十分不禮貌的行

爲。

2 如果我是富翁，因爲有鄰人的幫忙協助，原本的心情是很感恩的；同時再次請客有許多人來捧場，心情也是歡樂的；但是忘了邀請當初勸告我的人，則令我充滿愧疚，想加倍彌補這樣失禮的行爲。

以上兩種答案的寫法，參考其一，並列出合理的心情轉變即可。

部分分數 能推測文中人物的思考，但僅列處一種心情，少了轉變的凸顯。或是能寫出心情變化，但只有形容，並未說明完整。

零分 「答案不充分或意思含糊」或「對文本的理解不精確，或答案不合理或與問題無關」。

A. 「答案不充分或意思含糊」，例如：

❶ 富翁既開心又擔憂。

❷ 我很煩惱和懊悔。

B. 「對文本的理解不精確，或答案不合理或與問題無關」，例如：

❶ 富翁是得意的。

❷ 我會聽聽就好，當作參考意見。

出頭天的囚犯

　　西漢時，有個官員叫韓安國，有一次因為無意中犯法，而被關在牢裡。

　　那時候管理監獄的獄吏，叫田甲，是個不厚道的人，他見平時官大勢大的韓安國也有落魄的一天，就對他很沒有禮貌，常常取笑他。「哈哈！瞧你平時多威風，想不到現在這麼落魄。」「我說韓安國，你這輩子已經沒指望，永遠要在牢裡過日子了。」

　　韓安國聽了很生氣，他憤憤不平地說：「你講話太過分！我現在雖然像是熄滅的灰燼，但是也有可能再度燃燒起來呀！到時候，我一定會令你刮目相看。」

　　「燃燒起來？刮目相看？哈哈哈——你別痴人說夢話。如果真的會燃燒起來，我就撒泡尿把它澆滅。」

　　後來，韓安國被朝廷釋放，又做到大官，田甲知道後，嚇得連夜逃跑，他怕韓安國會報復。但是韓安國並沒有殺田甲，反而寬宏大量的原諒他。

　　後來，人們根據韓安國講的話，衍生出「死灰復燃」這句成語。

死灰復燃

 比喻消失的事物又再度出現。死灰：灰燼。

 大家要保持環境清潔，登革熱才不會死灰復燃。

 東山再起、起死回生、捲土重來

 一蹶不振

 燃眉之急 → 急中生智 → 智勇雙全

1 根據「死灰復燃／出頭天的囚犯」故事內容，下列敘述何者正確？

（A）田甲犯法而被關入獄。

（B）田甲和韓安國對話的場所在監獄。

（C）韓安國負責捉拿田甲。

（D）韓安國和田甲都是身居要職的朝廷大官。

PISA【擷取與檢索】

PIRLS【提取訊息】

2 「上次選舉落選之後，他更加勤快的走訪民間、為民服務，期望這次選舉能使自己的政治生涯『死灰復燃』」。此句話中的「死灰復燃」不適合用下列哪一個詞替代？

（A）東山再起。

（B）起死回生。

（C）一蹶不振。

（D）捲土重來。

PISA【統整與解釋】

PIRLS【詮釋整合】

❸ 當韓安國和田甲對話時，說：「到時候，我一定會令
你刮目相看。」田甲則說：「你別痴人說夢話。」由
此可知當時兩人各是什麼樣的心情？

（A）韓安國：仍抱持希望。　田甲：輕視。

（B）韓安國：憤怒。　田甲：憐憫。

（C）韓安國：絕望。　田甲：譏笑。

（D）韓安國：傷心。　田甲：害怕。

PISA【統整與解釋】

PIRLS【詮釋整合】

❹ 韓安國被朝廷釋放後，又做到了大官，但他並未殺掉
田甲。你認為下列哪一種說法最符合他的心態？

（A）韓安國能夠以德報怨，展現自己大人不記小人過

的開闊氣度。

（B）都怪田甲逃得太快了，讓韓安國來不及抓到人。

（C）自己官大勢大，要捉拿田甲不是難事，可以留到日後再折磨他。

（D）爲了感謝田甲在獄中帶來的激勵，使自己發奮圖強。

❺「我現在雖然像是熄滅的灰燼，但也有可能再度燃燒起來呀！」這一段話衍生出「死灰復燃」，意指消失的事物又再度出現；用「熄滅的灰燼」形容失敗，「再度燃燒起來」表示仍能再度振作。請設想以下情境：這天全班參加一年一度的班際盃英語合唱比賽，不料竟然榜上無名，同學們滿心失落，氣氛低迷。若你希望下次比賽能讓班上的情況死灰復燃，你會建議同學現在怎麼做？請寫下想說的話與兩項建議。

參考答案

第❶題

滿分 （**B**）田甲和韓安國對話的場所在監獄。

→ 在文本中即可擷取訊息。

零分 其他答案或沒有作答

（**A**）田甲犯法而被關入獄。

→ 是韓安國誤觸法律而入獄。

（**C**）韓安國負責捉拿田甲。

→ 文本中未提及。

（**D**）韓安國和田甲都是身居要職的朝廷大官。

→ 韓安國是朝廷大官，但田甲僅是管理監獄的獄吏，地位不高。

第❷題

滿分

（**C**）一蹶不振。

> → 本指跌了一跤就不敢再走路。後比喻遭受挫折或失敗後，無法再振作恢復。此詞意和題幹所言的意思並不連貫。

零分

其他答案或沒有作答

（**A**）東山再起。

> → 原指晉朝謝安退職隱居於東山，後來又再度入朝擔任要職。現多指官員退職後，再出來作官。

（**B**）起死回生。

> → 此比喻能力強，能將沒有希望的情勢扭轉過來。

（**D**）捲土重來。

> → 「捲土」，指人馬奔跑時揚起塵土；「重來」，指重新來一次。「捲土重來」比喻失敗了重新恢復勢力。

第 ③ 題

滿分　（A）韓安國：仍抱持希望。　田甲：輕視。

> → 能依照故事情境，推測出角色的語氣心態。

零分　其他答案或沒有作答

（B）韓安國：憤怒。　田甲：憐憫。

> → 田甲未抱有憐憫之意。

（C）韓安國：絕望。　田甲：譏笑。

> → 韓安國尚未全然放棄希望。

（D）韓安國：傷心。　田甲：害怕。

> → 文本中並未提及。

第 ④ 題

滿分　（A）韓安國能夠以德報怨，展現自己大人不記小人過的開闊氣度。

> → 能依據題幹要求，對照文本，評估文本中的人物心理，推敲合適的行動。

其他答案或沒有作答

（B）都怪田甲逃得太快了，讓韓安國來不及抓到人。

> → 不合乎文本的意思。

（C）自己官大勢大，要捉拿田甲不是難事，可以留到日後再折磨他。

> → 文本中未提及韓安國有這番心思。

（D）為了感謝田甲在獄中帶來的激勵，使自己發奮圖強。

> → 不合乎文本的意思。

第⑤題

滿分　能掌握題幹要求，扣住成語意涵由鼓勵的角度發言，以改善現況為目標，明確寫出積極的行動建議。

參考解答　同學們，雖然今天的比賽失利，但不要灰心，我們可以請教老師，找到這次需要改進的地方，記取教訓，大家再一起練習，明年捲土重來，奪下冠軍！

建議做法　❶ 分析這屆得名隊伍的優點，和本班的相互比對。
❷ 同學互相討論、向老師請教改善的方式。

③ 與其臨時抱佛腳、倉促練習，不如趁現在及早規畫
練習時間，勤能補拙。

建議的做法只需寫出合理的兩項即可。

部分分數 僅能寫出鼓勵話語，無法加入具體行動改善的建議。
或者建議事項只能寫出一項。

零分 「答案不充分或意思含糊」或「對文本的理解不精
確，或答案不合理或與問題無關」。

A. 「答案不充分或意思含糊」，例如：
   大家不要傷心，我們一定可以死灰復燃。

B. 「對文本的理解不精確，或答案不合理或與問題無
   關」，例如：
❶ 檢討這次的比賽過程，確實是自己努力不夠。
❷ 我們要向韓安國一樣，抱著死灰復燃的期待。

哎呦，不錯哦！

　　三國時期的大將軍呂蒙，幼年家境困苦，沒有錢唸書，後來他作了官，朝廷的官員卻很瞧不起他。

　　呂蒙雖然知道自己沒學問，卻懶得讀書，他覺得會打仗就好了，讀那麼多書有什麼用。東吳君王孫權很器重呂蒙，他不只一次鼓勵呂蒙多看些兵書和史書，好充實學識和增廣見聞，否則僅是一個會拿兵器的武夫罷了。

　　呂蒙受到鼓勵，下定決心要好好地發憤圖強，他開始勤讀兵書和史書，經常唸到三更半夜，如果有不了解的地方，一定圈選起來，向人請教。

　　一年又一年地過去，呂蒙也讀了許多書，言行舉止變得彬彬有禮。有一天，東吳的政治家魯肅來找他，發現呂蒙變得很有學問，連自己和他議論兵法時，都說不過他。魯肅佩服地說：「你已經不是當年那個草包呂蒙了。」

　　呂蒙有感而發地說：「男子漢三天不見，就應該讓人刮目相看才對呀！」

　　而「刮目相看」這句成語，就是取自呂蒙的話。

刮目相看

 指別人突飛猛進，要用讚美佩服的眼光去看待，不再用瞧不起的眼神。刮目：擦亮眼睛。

 哇！你的成績進步神速，大家要對你刮目相看了。

 另眼相看、刮目相待

 不屑一顧、嗤之以鼻

 看人行事 → 事必躬親 → 親痛仇快

哎呦，不錯哦！

1 根據「刮目相看／哎呦，不錯哦！」故事內容，下列的敘述何者正確？

（**A**）呂蒙受到魯肅的譏諷，開始發憤用功。

（**B**）因孫權的鼓勵，促使呂蒙勤讀兵書和史書。

（**C**）魯肅誇獎呂蒙，而說出「三日不見，刮目相看」之語。

（**D**）吳國君王孫策很器重呂蒙。

【擷取與檢索】

【提取訊息】

2 以下四句中，「引號內」詞語的運用何者不恰當？

（**A**）這次比賽，他竟勇奪第一名的殊榮，真令人「刮目相看」。

（**B**）政府官員貪汙的劣行，讓人「不屑一顧」。

（**C**）總是遲到的你，竟然連續一個月不遲到，大家要

對你「另眼相看」了。

（D）歌聲美妙的她，被推舉為合唱團主唱，讓人「刮目相待」。

PISA【統整與解釋】

PIRLS【詮釋整合】

❸ 呂蒙因為受到鼓勵，而開始發憤苦讀史書與兵書，讓魯肅對他「刮目相看」。請問他這樣的想法與做法，和下列哪個人的行為類似？

（A）小明：是班上的模範生，為了保持第一名持續地努力用功。

（B）小華：曾是功課倒數幾名的學生，因老師勸誡而用功讀書，成績進步許多。

（C）小玲：和好友相約一起努力讀書，成績要維持在前十名。

（D）小英：沉迷於線上遊戲，總要父母親責備，才開始寫功課、唸書。

PISA【統整與解釋】

PIRLS【詮釋整合】

❹ 呂蒙勤讀兵書和史書時，經常唸到三更半夜，如果有不了解的地方，一定圈選起來，向人請教。請問下列哪一個成語，不能用來形容呂蒙用功的行為？
（A）打破沙鍋問到底。
（B）懸梁刺骨。
（C）學以致用。
（D）焚膏繼晷。

 【統整與解釋】

 【詮釋整合】

❺ 在「刮目相看／哎呦，不錯哦！」的故事中，呂蒙因讀書而有了改變，被魯肅誇獎「已不是從前的草包呂蒙」。試比較呂蒙用功讀通兵書史書前與讀通兵書史書後之不同。

 【省思與評鑑】

 【比較評估】

参考答案

第 **1** 題

滿分

（**B**）因孫權的鼓勵，促使呂蒙勤讀兵書和史書

→ 在文本中即可擷取訊息。

零分

其他答案或沒有作答

（**A**）呂蒙受到魯肅的譏諷，開始發憤用功。

→ 是受到孫權的鼓勵，而非魯肅。

（**C**）魯肅誇獎呂蒙，而說出「三日不見，刮目相看」之語。

→ 「三日不見，刮目相看」，是呂蒙自己所說。

（**D**）吳國君王孫策很器重呂蒙。

→ 很器重呂蒙的東吳君王為孫權。

第 ② 題

滿分 （D）歌聲美妙的她，被推舉為合唱團主唱，讓人「刮目相待」。

> → 「刮目相待」指的是別人突飛猛進，用讚美佩服的眼光去看待，所以原本「歌聲美妙」的她，不合適用「刮目相待」，應用「眾望所歸」較合適。

零分 其他答案或沒有作答

（A）這次比賽，他竟勇奪第一名的殊榮，真令人「刮目相看」。

> → 刮目相看：指的是別人突飛猛進，用讚美佩服的眼光去看待。

（B）政府官員貪汙的劣行，讓人「不屑一顧」。

> → 不屑一顧：輕視、瞧不起。

（C）總是遲到的你，竟然連續一個月不遲到，大家要對你「另眼相看」了。

> → 另眼相看：以特別的眼光或態度相待，以示重視或歧視。

第❸題

▶ 滿分

（**B**）小華：曾是功課倒數幾名的學生，因老師勸誡，而用功讀書，成績進步許多。

→ 與呂蒙「士別三日，刮目相看」的題幹意旨相似。

▶ 零分

其他答案或沒有作答

（**A**）小明：是班上的模範生，為了保持第一名持續地努力用功。

→ 維持好成績，與題幹意旨不合。

（**C**）小玲：和好友相約一起努力讀書，成績要維持在前十名。

→ 和朋友一起努力，與題幹意旨不合。

（**D**）小英：沉迷於線上遊戲，總要父母親責備，才開始寫功課、唸書。

→ 不求進步，與題幹意旨不合。

第④題

滿分 （C）學以致用

> → 「學以致用」的意思是：將學得的知識運用到生活或工作中，不能用來形容呂蒙「發憤用功的情況」。

零分 其他答案或沒有作答

（A）打破沙鍋問到底。

> → 形容有問題一定要問出答案。

（B）懸梁刺骨。

> → 比喻人發憤苦讀。

（D）焚膏繼晷。

> → 形容夜以繼日地勤讀不怠。

第⑤題

滿分 能明確說出呂蒙讀通兵書、史書前，與讀通兵書、史書後表現之不同。

1 讀通兵書、史書前：

呂蒙因為懶惰，雖明知沒有學問，也不讀書，覺得
會打仗就好了。但因為他學問不佳，即使當了官，
朝廷的官員都瞧不起他。也因為未讀通兵書、史
書，帶兵作戰的謀略也有盲點缺陷。

2 讀通兵書、史書後：

呂蒙因受孫權鼓勵，開始勤讀兵書、史書，因此言
行舉止變得彬彬有禮，和東吳的政治家魯肅議論兵
法，也常占上風，讓魯肅敬佩他的轉變，誇獎他已
非當年那個草包呂蒙。也因為讀通了兵書、史書，
帶兵作戰的功力能更上層樓。

部分分數　能寫出呂蒙讀通兵書、史書前，或讀通兵書、史書後
的不同，但答案並未完整。

零分　「答案不充分或意思含糊」或「對文本的理解不精
確，或答案不合理或與問題無關」。

A. 「答案不充分或意思含糊」，例如：

呂蒙讀書後，變得更厲害！

B. 「對文本的理解不精確，或答案不合理或與問題無
關」，例如：

若呂蒙未讀書，就無法成大事。

這個媽媽很懂教育

據說亞聖孟子小時候曾搬過三次家，因為孟母是個非常重視教育的人。

早期，她和孟子住在市場附近，結果孟子成天學生意人吆喝。「便宜的水果大減價！蔬菜新鮮又好吃，快點來買唷！」

孟子模仿得好逼真，他見鄰居誇他，心裡好樂，也就更加賣力地喊叫了。這樣的舉止看在孟母眼裡很擔心，她希望孟子長大後，能夠為國家做大事業，為百姓謀福利，所以她決定搬家，讓孟子遠離市場的環境。

這次，她搬到墳墓附近，孟子來到新環境，感到很新奇，他看見出殯的人都哭哭啼啼地辦喪事，覺得很有趣，也跟在後面，學人呼天搶地地痛哭。

孟母又緊皺眉頭，她很擔憂這樣長久下去，會影響孟子的學習教育，所以決定再搬家。

這次她搬到學校附近，果然，孟子興致勃勃地跟人學習古文，成為一個好學不倦的小孩子。而「孟母三遷」的故事也流傳開來，成為美談。

孟母三遷

 形容家長為教育子女，選擇良好的學習環境所花費的苦心。遷：搬走。

 媽媽決定效法**孟母**三**遷**的精神，搬到文教區居住。

 孟母三徙、孟母擇鄰

 遷善改過 → 過猶不及 → 及鋒而試

1 根據「孟母三遷／這個媽媽很懂教育」故事內容，下列何者不是孟母搬家的原因？

(A) 孟母因為重視教育，所以搬家。

(B) 孟母因為不希望孟子長大後變成市場商人，所以搬家。

(C) 孟母因為不希望孟子長大後變成殯喪業者，所以搬家。

(D) 孟母喜歡學校附近優美的環境，所以搬家。

PISA【擷取與檢索】

PIRLS【提取訊息】

2 以下四句中，「引號內」詞語的運用何者不恰當？

(A) 媽媽決定要效法「孟母擇鄰」的精神，搬到文教區居住。

(B) 因為「近朱者赤，近墨者黑」，所以好的學習環境相當的重要。

（C）弟弟常流連於住家附近的網咖，故爸爸決定要「東遷西徙」趕緊搬家。

（D）家長為了教育子女，經常要「孟母三遷」，才能選擇好的環境。

PISA【統整與解釋】

PIRLS【詮釋整合】

❸ 孟母為了讓孟子有良好的學習教育環境，搬了三次家，請問下列何者的行為與孟母相似？

（A）大雄媽媽：為了讓大雄成績進步，請嚴厲的家教老師來特訓大雄。

（B）靜香媽媽：為了讓靜香能學習彈琴，讓靜香就讀有音樂班的學校。

（C）胖虎媽媽：為了讓胖虎一展歌喉，幫胖虎報名超級星光大道歌唱比賽。

（D）小夫媽媽：為了讓小夫有愉快的童年回憶，帶小夫出國遊山玩水。

PISA【統整與解釋】

PIRLS【詮釋整合】

④ 在「孟母三遷／這個媽媽很懂教育」這篇文本中，因為孟子成天學生意人吆喝，所以孟母第一次搬家；因為孟子學出殯的人哭哭啼啼辦喪事，所以孟母第二次搬家。請分析若孟母這二次都未曾搬家，孟子長大後可能會成為什麼樣的人？

項　次	若未搬家，孟子長大後可能會成為什麼樣的人物？
第一次	
第二次	

⑤ 在「孟母三遷／這個媽媽很懂教育」這篇文本中，孟母為了孟子的學習環境，搬了三次家。你同意孟母這樣的行為嗎？請說明同意或不同意的具體理由為何？

參考答案

第❶題

▸ 滿分　（**D**）孟母喜歡學校附近優美的環境，所以搬家。

> → 孟母是喜歡學校「讀書的風氣」，才搬來學校附近，而非喜歡學校附近「優美」的環境。

▸ 零分　其他答案或沒有作答
（A）（B）（C）選項均可在文本中擷取訊息，是孟母三遷的原因。

第❷題

▸ 滿分　（**C**）弟弟常流連於住家附近的網咖，故爸爸決定要「東遷西徙」趕緊搬家。

> → 「東遷西徙」的意思是：「四處遷移，居無定所」，故不能用來形容選擇教育環境。

 其他答案或沒有作答

（**A**）媽媽決定要效法「孟母擇鄰」的精神，搬到文教區居住。

→「孟母擇鄰」：比喻選擇良好的學習環境。

（**B**）因為「近朱者赤，近墨者黑」，所以好的學習環境相當的重要。

→「近朱者赤，近墨者黑」：比喻人的習性容易因環境影響而改變。

（**D**）家長為了教育子女，經常要「孟母三遷」，才能選擇好的環境。

→「孟母三遷」：同「孟母擇鄰」。

第 ❸ 題

 滿分

（**B**）靜香媽媽：為了讓靜香能學習彈琴，讓靜香就讀有音樂班的學校。

→靜香媽媽為了讓靜香繼續學習，而選擇有音樂班的學校，便是選擇學習教育的環境，與孟母的做法相同。

其他答案或沒有作答

（A）大雄媽媽：為了讓大雄成績進步，請嚴厲的家
　　　教老師來特訓大雄。

→請老師來特訓，是嚴師出高徒。

（C）胖虎媽媽：為了讓胖虎一展歌喉，幫胖虎報名
　　　超級星光大道歌唱比賽。

→報名比賽，為把握機會表現，方能出人頭地。

（D）小夫媽媽：為了讓小夫有愉快的童年回憶，帶
　　　小夫出國遊山玩水。

→出國旅遊，能製造美好的回憶。

第❹題

滿分　答案能明確指出第一次與第二次若未搬家，孟子將來
可能的發展。

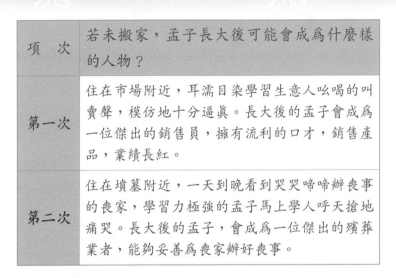

項　次	若未搬家，孟子長大後可能會成爲什麼樣的人物？
第一次	住在市場附近，耳濡目染學習生意人吆喝的叫賣聲，模仿地十分逼眞。長大後的孟子會成爲一位傑出的銷售員，擁有流利的口才，銷售產品，業績長紅。
第二次	住在墳墓附近，一天到晚看到哭哭啼啼辦喪事的喪家，學習力極強的孟子馬上學人呼天搶地痛哭。長大後的孟子，會成爲一位傑出的殯葬業者，能夠妥善爲喪家辦好喪事。

部分分數 答案僅指出二次孟子未搬家，可能發展的結果的其中一項。

零分 其他答案或沒有作答

第 ⑤ 題

滿分 能具體說明同意或不同意的理由。

參考解答 ❶ 我同意孟母的做法。

理由：學習環境對人的影響甚大，所謂「近朱者赤，近墨者黑」，孟子能成爲亞聖，能擔當儒家的巨擘，都是源於孟母的教導，和選擇好的學習環

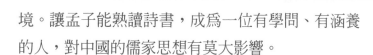

境。讓孟子能熟讀詩書，成為一位有學問、有涵養的人，對中國的儒家思想有莫大影響。

② 我不同意孟母的做法。

理由：雖然孟子最後因為搬到了學校附近，而能夠學古文，成為一位好學不倦的讀書人，但我認為，行行出狀元，並不是「萬般皆下品，唯有讀書高」。即使孟子因未曾搬家，而成為一個堂堂正正的生意人，或是成為出色的殯葬業者，亦可成就一番事業。

部分分數　答案僅說明同意或不同意，未有充分支持論點的理由。

零分　「答案不充分或意思含糊」或「對文本的理解不精確，或答案不合理或與問題無關」。

A.「答案不充分或意思含糊」，例如：
孟母愛子心切，搬到文教區是明智選擇。

B.「對文本的理解不精確，或答案不合理或與問題無關」，例如：
孟母搬家是因為嫌之前的環境太吵，以及希望孟子將來成為私塾老師。

東施妹妹愛搞怪

春秋戰國時代，越國有位美女叫西施。她有心臟病，常常會突然地心絞痛，每次心臟病一發作，她總是輕輕地按住胸口，哀怨地皺著眉頭，看起來很惹人憐愛。

「好美！」鄰里的男子看見西施按住胸口的模樣，都打從心底憐惜。

這件事情被同村的東施知道了，東施是個長得其貌不揚的女孩子，鄉里的人都叫她「恐龍妹」。她平日喜歡化個大濃妝，身穿五顏六色的絲綢，雖然非常精心打扮，看起來卻很不協調。她發現每次西施一捧胸，人人都看得出神，誇她長得美若天仙，於是她也有樣學樣，站在家門口，緊皺眉頭，痛苦地撫摸著胸口。

「我說恐龍妹呀！你是肚子痛還是牙齒疼呢？」隔壁的阿婆關心地問。

而鄰里的富人瞧見東施那副捧胸的怪樣子，嚇得趕緊關上窗戶，不敢出門，就連貧窮人家也急急忙忙帶著妻小躲開了。

後來東施緊皺眉頭的故事，被濃縮成「東施效顰」。

東施效顰

 比喻盲目地模仿別人，反而得到反效果。東施：本是古時候一名長相難看的女子，後指容貌醜陋的女子。效：仿效。顰：皺眉。

 老是東施效顰的人，永遠都不會進步。

 生搬硬套、弄巧成拙、邯鄲學步

 自創一格、別出心裁、別開生面

 顰眉蹙額 → 額手稱慶 → 慶幸不已

1 根據「東施效顰／愛搞怪的恐龍妹」故事內容，下列何者敘述正確？

(A) 春秋戰國時代，吳國的美女西施患有心臟病。

(B) 西施每次心絞痛，總是輕輕按住胸口，美麗的模樣惹人憐愛。

(C) 東施的化妝技術很高明。

(D) 東施學西施撫摸胸口的模樣，讓人誇她美若天仙。

PISA【擷取與檢索】

PIRLS【提取訊息】

2 根據「東施效顰／愛搞怪的恐龍妹」一文，以下四句中，「引號內」詞語的運用何者正確？

(A) 第一名模林志玲，在伸展台上走起台步可謂「東施效顰」，氣勢十足。

（B）老是「邯鄲學步」的人，很難有所進步。

（C）弟弟居然「生硬搬套」，模仿偶像羅志祥維妙維肖。

（D）每個人都有自己的風格特色，不要一味效仿他人，如此才能「弄巧成拙」！

【統整與解釋】

【詮釋整合】

❸請比較「西施捧心」和「東施效顰」的異同，並寫出一個相同點和二個相異點。

異同 ＼ 名稱	西施捧心	東施效顰
相同點		
相異點		

【統整與解釋】

【詮釋整合】

❹ 作者透過「東施效顰／愛搞怪的恐龍妹」一文，主要是告訴我們什麼道理？

（A）外貌十分重要，要多留心注意儀容。

（B）有心臟病也不是壞事，但若能保持身體健康更好。

（C）不要一味模仿別人，表現出最自然真實的自己比較重要。

（D）模仿別人時要留心，自己與模仿對象的外表，不能相距太多。

【省思與評鑑】

【比較評估】

❺ 根據「東施效顰／愛搞怪的恐龍妹」一文，東施模仿西施蹙眉捧心的模樣並不成功，若想要幫忙東施「脫胎換骨」，你認為可以怎麼做，請試給東施二點建議。

【省思與評鑑】

【比較評估】

參考答案

第 ① 題

滿分 （B）西施每次心絞痛，總是輕輕按住胸口，美麗的模樣惹人憐愛。

> → 西施患有心臟病，每次發作的時候，總是輕輕地按住胸口，哀怨的皺著眉頭，看起來很惹人憐愛。

零分 其他答案或沒有作答

（A）春秋戰國時代，吳國的美女西施患有心臟病。

> → 西施是越國美女，而非吳國美女。

（C）東施的化妝技術很高明。

> → 東施喜歡化大濃妝，雖然非常精心打扮，看起來卻不協調，所以她的化妝技術並不好。

（D）東施學西施撫摸胸口的模樣，讓人誇她美若天仙。

→ 東施學西施僅皺眉頭，痛苦地撫摸胸口時，鄰里富人嚇得關上窗子，貧窮人家紛紛走避。

第 ❷ 題

滿分（B）老是「邯鄲學步」的人，很難有所進步。

→ 邯鄲學步：比喻一味地模仿別人，反而喪失了原有的技能。在此使用正確。

零分（A）第一名模林志玲，在伸展台上走起台步可謂「東施效顰」，氣勢十足。

→ 「東施效顰」宜改為「駕輕就熟」。

（C）弟弟居然「生硬搬套」，模仿偶像羅志祥維妙維肖。

→ 「生硬搬套」宜改為「活靈活現」。

（D）每個人都有自己的風格特色，不要一味效仿他人，如此才能「弄巧成拙」！

→ 「弄巧成拙」宜改為「自成一格」。

第❸題

滿分　能明確寫出一個相同點，和兩個相異點。

參考解答

異　同　名　稱	西施捧心	東施效顰
相同點	動作：都是輕輕地按住胸口，哀怨地皺著眉頭。	
相異點	原因：因爲心臟病發作，心絞痛的關係。	原因：想模仿西施，被人們誇讚。
	結果：因爲西施面貌美麗，使她捧心的動作看起來更惹人憐愛。	結果：因爲東施面容醜陋，學起西施捧心的動作，不但不惹人鄰愛，反而嚇壞人。

部分分數

1️⃣ 僅能寫出一個相同點和一個相異點。

2️⃣ 僅能寫出二個相異點。

3️⃣ 僅寫出一個相同點。

4️⃣ 僅寫出一個相異點。

零分　「答案不充分或意思含糊」或「對文本的理解不精確，或答案不合理或與問題無關」。

第④題

（C）不要一味模仿別人，表現出最自然真實的自己
比較重要。

→ 此選項為文本的主旨，中心思想。

零分　其他答案或沒有作答
（A）外貌十分重要，要多留心注意儀容。

→ 強調儀表的重要。

（B）有心臟病也不是壞事，但若能保持身體健康更
好。

→ 前後邏輯觀念矛盾。

（D）模仿別人時要留心，自己與模仿對象的外表，
不能相距太多。

→ 傳達的意思不完整。

第⑤題

滿分　能具體提出二點建議。

東施效顰並不成功，反而造成反效果，嚇跑鄉里的人。我認為一味模仿別人並不是正確的事，要從「心」改革起。

1. 首先會建議東施不要濃妝豔抹，保持乾淨、整潔的外表，即使素顏不化妝，也能有自然的韻味。

2. 再來會建議東施多微笑、多助人，有句話說：「心美，人亦美！」笑容就是最好的、最天然的化妝品。

3. 最後會建議東施多運動，保持健康開朗樂觀的心，為有一個快樂的人，才能展現最美的自我了！

以上三組答案，則二即可。

僅能提出一點建議。

零分 「答案不充分或意思含糊」或「對文本的理解不精確，或答案不合理或與問題無關」。

A. 「答案不充分或意思含糊」，例如：

改善化妝、穿著風格，建立自己的信心。

B. 「對文本的理解不精確，或答案不合理或與問題無關」，例如：

努力學習技藝，以「技」贏過西施。

睡在木柴堆上的君王

　　春秋末年，吳王夫差和越王句踐彼此看不順眼，一年四季都在打仗，誰也不服輸。兩國打了好幾年，吳國終於打敗越國，活捉了句踐和他的親信，贏得空前的大勝利。

　　戰敗的句踐，聽從大臣的建議，卑微地侍奉夫差，討他歡心。過了好幾年，夫差對句踐不再有戒心，才放他回國。

　　回到越國的句踐，決心發憤圖強，不再飲酒作樂。白天，他用心治理國家，重視百姓反映的意見；晚上，他改睡在柴草上，隨時警惕自己別忘了在吳國所受的屈辱。此外，還在屋梁上方懸掛一顆苦膽，無論是吃飯、批改公文、睡覺等等，都會舔一舔苦膽，激勵自己要吃得了苦。「我一定要忍耐，再苦我都不怕。」句踐咬緊牙根地說。

　　十年後，越國國力愈來愈強盛，人民士氣高昂，句踐見機不可失，就發兵攻打吳國，終於打敗了夫差，完成雪恥復仇的使命。

　　後來，人們根據這則故事，濃縮成「臥薪嘗膽」這句成語。

臥薪嘗膽

 比喻一邊過著吃苦操勞的生活，一邊發憤圖強。
薪：柴草。膽：膽囊。

 我也要學古人臥薪嘗膽，努力奮發向上，絕不心灰
意冷。

 自強不息、勵精圖治

 苟且偷生、醉生夢死

 膽戰心驚 → 驚世駭俗 → 俗不可耐

1 根據「臥薪嘗膽／睡在木柴堆上的君王」故事內容，句踐為何要「臥薪嘗膽」？

（A）因為句踐看夫差不順眼。

（B）因為句踐聽從大臣的建議。

（C）因為句踐決定要發憤圖強。

（D）因為句踐很能吃苦耐勞。

PISA【擷取與檢索】

PIRLS【提取訊息】

2 根據「臥薪嘗膽／睡在木柴堆上的君王」故事內容，以下四句中，「引號內」詞語的運用何者不恰當？

（A）總統「勵精圖治」，想把國家統治的更好，為百姓謀福利。

（B）他每晚「苟且偷生」，勤奮用功。

（C）你別再過著「醉生夢死」的日子，好好振作，重

新出發。

（D）她雖然生活貧困，卻能「自強不息」，努力不懈。

PISA【統整與解釋】

PIRLS【詮釋整合】

❸ 越王句踐忍辱十年，臥薪嘗膽，終於能夠雪恥復國。請問他這樣的想法與做法可以用哪一名言來詮釋？

（A）忍耐和堅持雖然是痛苦的事，卻能漸漸地爲你帶來好處。（奧維德）

（B）失去了誠信，就等同於敵人毀滅了自己。（莎士比亞）

（C）合理安排時間，就等於節約時間。（培根）

（D）智慧、友愛，這是照亮我們的黑夜的唯一光亮。（羅曼‧羅蘭）

PISA【統整與解釋】

PIRLS【詮釋整合】

④ 請根據「臥薪嘗膽／睡在木柴堆上的君王」故事內容，整理出曾被吳王夫差活捉的句踐，在不同時期，做了哪些事，來完成雪恥復仇的大計？

時間	方法與目的
被拘禁在吳國時	
回到越國十年內	
回到越國十年後	

【統整與解釋】

【詮釋整合】

⑤ 越王句踐臥薪嘗膽，最終能打敗吳王夫差，雪恥報國，其忍辱負重的精神令人敬佩。請問，綜觀古今中外，有哪些人與句踐相似，都能夠「忍辱負重」以成大事？試舉一例，說明人物為何者，與其忍辱負重之具體事蹟。

【省思與評鑑】

【比較評估】

參考答案

第 ❶ 題

滿分　（**C**）因為句踐決定要發憤圖強。

> → 句踐決定睡在柴草上，警惕自己別忘記在吳國受
> 到的屈辱；時常舔一舔苦膽，激勵自己要能吃的了
> 苦，為的是能夠發憤圖強，雪恥復仇。

零分　其他答案或沒有作答
（A）（B）（D）均不是句踐「臥薪嘗膽」的原因。

第 ❷ 題

滿分　（**B**）他每晚「苟且偷生」，勤奮用功。

> → 「苟且偷生」的意思為：得過且過，勉強的生存
> 下去。故此用法有誤。

零分 ▶ 其他答案或沒有作答

（A）（C）（D）均使用正確。

第 ③ 題

滿分 ▶ （A）忍耐和堅持雖然是痛苦的事，卻能漸漸地為你
帶來好處。（奧維德）

> → 強調能吃苦的重要，句踐因能臥薪嘗膽十年，說
> 明句踐能吃苦以成就大事業。

零分 ▶ 其他答案或沒有作答

（B）失去了誠信，就等同於敵人毀滅了自己。（莎士
比亞）

> → 強調誠信的重要。

（C）合理安排時間，就等於節約時間。（培根）

> → 強調時間的重要。

（D）智慧、友愛，這是照亮我們的黑夜的唯一光
亮。（羅曼·羅蘭）

> → 強調友誼的重要。

第 ④ 題

> **滿分** 能具體寫出句踐在不同時期的作爲。

參考解答

時　間	方法與目的
被拘禁在吳國時	卑微地侍奉夫差，討夫差歡心。
回到越國十年內	決定發憤圖強，不再飲酒作樂： 1. 白天：用心治國，重視百姓意見。 2. 晚上：睡在柴草上（臥薪），警惕自己。 3. 此外：隨時嘗苦膽（嘗膽），激勵自己。
回到越國十年後	越國國力強盛，人民士氣高昂，發兵攻打吳國，一舉打敗夫差。

部分分數 寫出部分時期越王句踐的作爲，但答案並未完整。

> **零分** 未作答，或對文本的理解不精確，或答案不合理或與問題無關。

第 ⑤ 題

> **滿分** 能寫出一個古今中外「忍辱負重」的人物，並寫出其具體事蹟。

參考解答

1 人物：司馬遷

事蹟：司馬遷年輕時期曾經遊歷全國各地，接觸社會、體驗民情、考察史跡。後來他繼承父職做了太史令，閱讀了朝廷珍藏的許多古代文獻，並秉承父親的遺志撰寫《史記》。正當司馬遷專心著書的時候，發生了李陵事件，司馬遷秉公直言，觸怒了漢武帝，被處以宮刑。事後，司馬遷為了完成《史記》創作，強忍屈辱，在痛苦中發憤著書，用畢生精力完成了我國第一部紀傳體通史《史記》。

2 人物：韓信

事蹟：韓信出身貧賤，從小失去雙親。因為家裡很貧苦，有些年輕人看不起韓信，便在街上找韓信麻煩，要他從其褲襠下鑽過去。韓信想了好一會兒，一言不發，就從那人的褲襠下鑽過去了。這就是後來流傳下來的「胯下之辱」的故事。其實韓信是一個很有謀略的人，他看到當時社會正處於改朝換代之際，於是專心研究兵法，練習武藝，相信會有自己的出頭之日。仍忍辱而後能成就大事業，韓信便是一例。

本題舉出一例回答即可。

部分分數

僅舉出人物，未說明其忍辱負重的事蹟，或說明未具體完整。

零分 「答案不充分或意思含糊」或「對文本的理解不精確，或答案不合理或與問題無關」。

A. 「答案不充分或意思含糊」，例如：

古今中外的大人物都具有忍辱負重的精神。

B. 「對文本的理解不精確，或答案不合理或與問題無關」，例如：

司馬遷和句踐一樣因為氣不過，所以發憤圖強。

好厲害的畫竹撇步

北宋有位擅長詩文書畫的讀書人，叫文同。他畫的竹子和山水畫筆法精練，風格雅致，在當時可說是遠近馳名。

文同很喜歡竹子，他在家裡的庭院種了一大片竹子，無論春夏秋冬、颱風、下雨、出太陽，都仔細地觀察竹子的生長情形，以及枝葉呈現的狀態。他是那麼的愛竹子，常常因為看竹子而忘記吃飯。

「少爺，吃飯了，飯菜都涼了。」每天三餐時間，都要由僕人提醒他記得吃飯。「少爺從小就愛竹子，長大了還是一樣。」老僕人笑著說。

一年又一年地過去了，文同對竹子也愈來愈熟悉，就算閉上雙眼，也可以輕而易舉地把竹葉和枝幹分毫不差地描繪出來，就好像他的心中已經有了一株竹子，所以提筆時，能夠心手相應，把竹子畫得活靈活現。「啊！實在太逼真了，簡直是出神入化，真不愧是畫竹子的專家。」每個人都讚美文同畫竹的功力。

後來，人們根據這則故事，濃縮成「胸有成竹」這句成語。

胸有成竹

 解釋 比喻事前已經有了完善的計畫,因此做事很有把握。成竹:完整的竹子。

 例句 你們放心,他對這次科學競賽是胸有成竹。

 相似 信心滿滿

 相反 不知所措、無計可施

 **接龍** 竹報平安 → 安居樂業 → 業精於勤

1 根據「胸有成竹／好厲害的畫竹撇步」故事內容，下列敘述何者「不」正確？

(A) 文同觀察竹子時經常因為過分專心而忘記了吃飯。

(B) 文同描繪竹子的功力在當時已經得到許多人的讚賞。

(C) 文同藉由觀察竹子學到許多做人做事的道理。

(D) 文同花了許多年的時間才培養出描繪竹子的功力。

【擷取與檢索】

【提取訊息】

2 下列四個句子，「引號內」詞語的運用與「胸有成竹」相似的是？

(A) 小哈平常就飽讀書籍，參加語文競試時當然「得

心應手」。

（B）丹丹已經當了這麼久的歷史小老師，這學期也該「功成身退」了。

（C）阿三一直努力練習，好不容易上場比賽，當然會「全力以赴」。

（D）小偉在班上人緣一向很好，這次當選班長可以說是「眾望所歸」。

PISA【統整與解釋】

PIRLS【詮釋整合】

❸ 文同因為喜愛竹子而樂於觀察竹子的姿態，也因此成為當時描繪竹子的專家，這種情況恰好符合下列哪一句話中的意思呢？

（A）「一寸光陰一寸金，寸金難買寸光陰」。

（B）「不經一番寒澈骨，焉得梅花撲鼻香」。

（C）「天將降大任於斯人也，必先苦其心志」。

（D）「知之者不如好之者，好之者不如樂之者」。

PISA【統整與解釋】

PIRLS【詮釋整合】

④ 如果依照現代對於繪畫工具及表現方式的區分，你覺得文同的「竹畫」會被歸類在下列何者？
（A）水彩寫生。
（B）炭筆素描。
（C）油墨肖像。
（D）水墨寫意。

PISA【省思與評鑑】
PIRLS【比較評估】

⑤ 請從古今中外的例子中，舉出二個例子，類似文同在「胸有成竹／好屬害的畫竹撇步」故事中，因為有興趣或喜愛而願意投入時間，最終能夠獲得好成果的人物與其具體事件。

PISA【省思與評鑑】
PIRLS【比較評估】

參考答案

第 ① 題

滿分 （C）文同藉由觀察竹子學到許多做人做事的道理。

> → 與文本中的旨意並不相符。

零分 其他答案或沒有作答
（A）（B）（C）選項均可從文本中第二、三、四段找到答案。

第 ② 題

滿分 （A）小哈平常就飽讀書籍，參加語文競試時當然「得心應手」。

> → 「得心應手」：心裡怎麼想，手就能怎麼做。形容運用自如，與「胸有成竹」最接近。

其他答案或沒有作答

（B）丹丹已經當了這麼久的歷史小老師，這學期也
該「功成身退」了。

→「功成身退」：建立功業後自己引退，不再作官。

（C）阿三一直努力練習，好不容易上場比賽，當然
會「全力以赴」。

→「全力以赴」：投入全部的力量、精力。

（D）小偉在班上人緣一向很好，這次當選班長可以
說是「眾望所歸」。

→「眾望所歸」：指某人威望高，能獲得大家的信
賴和信仰。

第 ❸ 題

滿分　（D）「知之者不如好之者，好之者不如樂之者」。

→懂得它的人，不如愛好它的人；愛好它的人，又
不如以它為樂的人。

此句話最適合詮釋文同因為喜愛竹子而樂於觀察竹子
姿態的心情。

零分 其他答案或沒有作答

（**A**）「一寸光陰一寸金，寸金難買寸光陰」。

→ 說明時間的重要性。

（**B**）「不經一番寒澈骨，焉得梅花撲鼻香」。

→ 說明成功都需要經過努力。

（**C**）「天將降大任於斯人也，必先苦其心志」。

→ 說明唯有吃苦耐勞，才能成大事。

第 4 題

滿分 （**D**）水墨寫意。

→ 文同為北宋時期擅長詩畫的文人，當時流行水墨筆法。

零分 其他答案或沒有作答

（A）（B）（C）選項多為西洋畫筆法，與文同所擅長的山水畫筆法不同。

第 5 題

滿分　能舉出二個完整的例子，包括人物與具體事件。

參考解答　1　吳寶春：

吳寶春是台灣的麵包師傅，曾一舉獲得法國世界麵包大師個人組冠軍。在學習做麵包的道路上，吳寶春從不會稱斤論兩，到拿下世界冠軍，是一條漫長摸索的路。做麵包的過程雖然辛苦，但是吳寶春並不在乎，他可以投入研發新口味的麵包，而忘了時間，也常常教導學徒，要用愛來製作麵包。因為喜歡這份工作，自然能夠投入其中，將這份工作做得更好。

2　李安：

李安已經是揚名國際的大導演，曾有多部電影作品入圍奧斯卡金像獎，至於李安個人也得到二座奧斯卡最佳導演獎。但李安的電影路，並不是一路走來都十分順遂。李安從中學起便喜歡電影，立志成為導演。從美國紐約大學畢業後，失業長達六年，沒有收入，都是靠妻子工作賺錢養家餬口，苦撐過來。也因為有妻子的支持，使李安更能專心於電影導演的工作，李安愛電影，並樂於其中，遂能闖出一番成就。

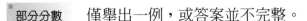

| 部分分數 | 僅舉出一例，或答案並不完整。 |

零分　「答案不充分或意思含糊」或「對文本的理解不精確，或答案不合理或與問題無關」。

A. 「答案不充分或意思含糊」，例如：

戰國初期的孫臏因喜愛兵法，拜鬼谷子為師，致力研究戰略謀術，終於成為兵法大師。

B. 「對文本的理解不精確，或答案不合理或與問題無關」，例如：

在這次「國語字音字形」競賽中獲獎的人，天天勤寫測驗卷，印證了「一分耕耘一分收穫」這句話。

那個呆呆的偷鐘賊

古時候有個呆呆的人，有一天，他發現某間廢棄的屋子裡，擺了一口大鐘，他看了非常中意，打算半夜偷偷地運走。「大白天帶走這麼大的鐘，太惹人注目了，還是晚上再來吧！」他臨走時，不放心地搬了些雜草，覆蓋在大鐘上，免得被人發現。

到了深夜，這個呆呆的人果然悄悄地來了，他肩上掛了個布袋，打算把鐘塞進去。「糟糕！袋子太小。」這時，他傻眼了，要怎麼帶回大鐘？

「哈哈！我想到了。」自以為聰明的他，打算把大鐘敲成碎片，再一片一片地帶走。

就在他動手敲下第一槌時，「噹——噹——」大鐘發出宏亮的聲音，小偷嚇得魂飛魄散，「老天！怎麼辦？」他既怕被人發現自己當小偷，也怕有人和他搶這口大鐘，情急之下，他乾脆掩住耳朵，以為自己聽不見，別人也聽不見。

後來，人們根據這則故事，濃縮成「掩耳盜鈴」這句成語。

掩耳盜鈴

 比喻自己欺騙自己。掩：摀住。盜：偷竊。

 說謊又有什麼意義呢？只不過是掩耳盜鈴的行為罷了。

 自欺欺人

 鈴聲大作 → 作威作福 → 福星高照

1 根據「掩耳盜鈴／那個呆呆的偷鐘賊」故事內容，偷鐘賊在鐘聲響起時做了甚麼？

(A) 打開帶去的布袋，試圖把鐘塞進去。

(B) 再敲一次，打算把鐘打碎帶走。

(C) 左顧右盼，看看有沒有別人注意他。

(D) 摀住耳朵，以為別人也會跟他一樣聽不見鐘響。

PISA【擷取與檢索】

PIRLS【提取訊息】

2 下列選項中，哪一則「引號」裡的成語使用並「不」恰當？

(A) 教室裡又悶又熱，他卻「刻舟求劍」，堅持不到午休時間絕不開冷氣。

(B) 他謊稱偷來的錢包是從地上撿到的，無異是「掩耳盜鈴」。

（C）他的觀察力很敏銳，大家誇他「望眼欲穿」，是個名偵探。

（D）美術老師臨時宣布要畫圖，幸好我「未雨綢繆」，把整組彩色筆收在書包裡。

【統整與解釋】【詮釋整合】

3 根據故事內容，你覺得那個呆呆的偷鐘賊未做到下列哪一項，以致無法順利搬走大鐘？

（A）搬更多的雜草及砂石來掩蓋住大鐘，以免被其他人發現。

（B）想辦法測量大鐘的長寬及體積，以便帶合適的袋子來把鐘裝走。

（C）在房子的門口作上記號，以免自己忘記大鐘所在的位置。

（D）帶更大的鐵鎚來，以便更快的把大鐘敲碎帶走。

【統整與解釋】【詮釋整合】

④根據「掩耳盜鈴／那個呆呆的偷鐘賊」故事內容，從放有大鐘來推測，偷鐘賊發現的廢屋，原先最有可能是下列哪一種用途呢？

（A）普通住家

（B）菜市場

（C）雜貨店

（D）佛教寺廟

⑤雖然本篇故事的題目叫做「那個呆呆的偷鐘賊」，但你覺得這個偷鐘賊真的很呆嗎？還是他也有些小聰明呢？試說明看法並提出理由。

參考答案

第 ❶ 題

▶ 滿分　（D）摀住耳朵，以為別人也會跟他一樣聽不見鐘響。

> → 在文本中即可擷取訊息。

▶ 零分　其他答案或沒有作答
（A）（B）（C）文本中均未提及。

第 ❷ 題

▶ 滿分　（C）他的觀察力很敏銳，大家都誇他「望眼欲穿」，是個名偵探。

> → 「望眼欲穿」：形容盼望極殷切，把眼睛都要看穿了。

其他答案或沒有作答

（A）教室裡又悶又熱，他卻「一板一眼」，堅持不到午休時間絕不開冷氣。

→ 「一板一眼」：比喻言語行爲有條理，合乎規範。

（B）他謊稱偷來的錢包是從地上撿到的，無異是「掩耳盜鈴」。

→ 「掩耳盜鈴」：比喻自欺欺人。

（D）美術老師臨時宣布要畫圖，幸好我「未雨綢繆」，把整盒彩色筆收在書包裡。

→ 「未雨綢繆」：趁天還未下雨，先修理好門窗，比喻提前做好準備。

第❸題

（B）想辦法測量大鐘的長寬及體積，以便帶合適的袋子來把鐘裝走。

→ 小偷帶的袋子不夠大，所以才想把鐘敲碎帶走。

零分 其他答案或沒有作答

（A）搬更多的雜草及砂石來掩蓋住大鐘，以免被其他人發現。

→ 大鐘並未被其他人發現。

（C）在房子的門口作上記號，以免自己忘記大鐘所在的位置。

→ 小偷並未忘記廢棄屋的位置。

（D）帶更大的鐵鎚來，以便更快的把大鐘敲碎帶走。

→ 更大的鐵鎚只會製造更大的聲響，不能夠把大鐘敲碎。

第❹題

滿分 （D）佛教寺廟

→ 佛寺常規，早晚均要敲鐘以統一作息。

零分 其他答案或沒有作答

（A）（B）（C）均無敲鐘的必要，也不會在這三個場所備有大鐘。

第 ⑤ 題

滿分

1 偷鐘賊真的很呆：

A. 工具未能準備齊全：

偷鐘賊準備的布袋竟然尺寸太小，根本裝不下大鐘。

B. 想把大鐘敲成碎片：

因爲袋子太小，竟然想把大鐘敲成碎片，敲成碎片的鐘無法組裝起來，也無法再使用。

C. 偷鐘賊未考慮後果就動手：

當偷鐘賊動手敲下第一槌時，大鐘發出宏亮的聲音，偷鐘賊竟然掩住耳朵，以爲自己聽不到，別人也就聽不到，就不會來和他搶大鐘。偷鐘賊既爲考慮敲下第一槌時的後果，又以掩耳盜鈴的方式想偷鐘，可見他智慧不高。

2 偷鐘賊有些小聰明：

A. 選擇晚上偷鐘：

因爲大白天帶走這麼大的鐘，太惹人注目，故選擇晚上犯案。

B. 懂得運用工具：

偷鐘賊事前用雜草覆蓋住大鐘，以免被別人發現，也記得帶工具，如槌子、袋子等前往。

以上兩種答案，擇一回答即可。

僅能陳述小偷是否聰明，但理由並不完整充分。

零分 「答案不充分或意思含糊」或「對文本的理解不精確，或答案不合理或與問題無關」。

A. 「答案不充分或意思含糊」，例如：

小偷很聰明，能想法子帶走大鐘。

B. 「對文本的理解不精確，或答案不合理或與問題無關」，例如：

從故事中可以判斷小偷很識貨，因為大鐘很值錢，能夠賣出高價。

曹操的唬人伎倆

東漢的曹操是個善用心計、頭腦靈活的人,他非常懂得施展小計謀來達到目的。

有一年夏天,他帶兵去攻打叛軍,午後,太陽高掛天空,又毒又辣,士兵們個個被晒得頭昏眼花,口乾舌燥。可是水壺裡的水早就喝光了,一眼望去,野草長得比人高,附近根本沒有屋舍,當然也不可能要到水解渴。

「好想喝水!」有士兵小聲地自言自語。

連曹操都忍不住地說:「老天!快熱死人了!」他發現大夥都無精打采,拖著懶洋洋的步伐。

「弟兄們,加油!前面有一大片梅林正等著我們。」曹操以興奮的口氣告訴大家,其實是騙他們的。「太好了!有梅子。」士兵們不自覺得望向前方,想像那令人垂涎三尺的梅子,說也奇怪,想到梅子,嘴巴也就不那麼乾了。於是,大家鼓起精神,大步邁向「梅子林」。

後來,這則故事被濃縮成「望梅止渴」這句成語。

望梅止渴

 比喻願望無法達成，只好用空想來安慰自己。梅：梅子。

 唉！沒錢去北海道賞雪，只好看電視望梅止渴了。

 畫餅充飢

 飢寒交迫 → 迫不及待 → 待價而沽

1 根據「望梅止渴／曹操的唬人伎倆」故事內容，曹操所帶領的軍隊，面臨了什麼樣的困境？

（**A**）迷失方向。

（**B**）叛軍埋伏。

（**C**）糧食不足。

（**D**）口渴缺水。

PISA【擷取與檢索】

PIRLS【提取訊息】

2 根據「望梅止渴／曹操的唬人伎倆」故事內容，我們可以發現故事主角曹操的許多性格特色，其中「不」包括下列哪一項？

（**A**）心胸狹窄。

（**B**）聰明靈活。

（**C**）觀察敏銳。

（D）擅長說謊。

【擷取與檢索】

【提取訊息】

❸ 根據「望梅止渴／曹操的唬人伎倆」故事內容，我們可以看到曹操帶兵的方法和謀略，試問這些士兵在文本中心情的轉折變化為何？

（A）興奮 → 疲累 → 抱怨。

（B）抱怨 → 疲累 → 興奮。

（C）疲累 → 抱怨 → 興奮。

（D）疲累 → 興奮 → 抱怨。

【統整與解釋】

【詮釋整合】

❹ 在「望梅止渴／曹操的唬人伎倆」一文中，曹操為了緩解士兵的口渴，利用梅子的哪種自然特性來讓大家分泌唾液呢？

（A）滋味甜美。

（B）味道酸澀。

（C）清涼多汁。

（D）果實碩大。

PISA 【省思與評鑑】

PIRLS 【比較評估】

❺ 請閱讀以下這則曹操的小故事，再回答問題：

　　曹操為安撫民心，頒布一條軍令，凡有損壞農田的，一律斬首，結果他自己騎的馬受到驚嚇，衝入農田，踏壞了很多莊稼。曹操說我自己制訂的法律，自己卻犯法，何以服眾？於是拔劍要自殺，被左右勸下，並引用《春秋經》：「法律不能處罰擔任尊貴職務的人。」於是曹操割髮以代，並全軍通報：「丞相的馬不小心踐踏了麥田，本來應該要斬首，現在割下頭髮來代替斬首。」

　　（註：古時候有個觀念：「身體髮膚受之父母，不敢毀傷。」現今剪頭髮已是很普遍的現象，但在古時候是很嚴重的大事。）

三國的曹操聰明狡詐，喜歡施展小計謀來達成目的。你覺得這樣的個性對他擔任領導者有哪些加分與扣分

的地方？試根據「望梅止渴／曹操的唬人伎倆」與上
面這則小故事，各舉二例說明，並寫出你對曹操的評
價與看法。

	原　因	舉例與評價
加分之處		
扣分之處		

PISA【省思與評鑑】

PIRLS【比較評估】

參考答案

第❶題

満分　（**D**）口渴缺水

→ 在文本中第二段即可擷取訊息。

零分　其他答案或沒有作答
（**A**）（**B**）（**C**）文本中皆未提及。

第❷題

満分　（**A**）心胸狹窄。

→ 文本中未描述曹操的氣度。

零分　其他答案或沒有作答
（**B**）聰明靈活。

→ 文本第一段即開門見山的敘述。

（C）觀察敏銳。

→ 文本第四段描述曹操發現大夥都無精打采。

（D）擅長說謊。

→ 文本第五段曹操騙士兵不遠前有梅子林可解渴。

第❸題

滿分　（C）疲累 → 抱怨 → 興奮。

→ 文本中，曹營的士兵一開始被又毒又辣的太陽晒的頭昏眼花，是疲累；接著因為口渴想喝水，連曹操都開始抱怨天氣過於炎熱；最後曹操欺騙士兵，前方有梅子林等著大家，士兵因期待有梅子可以食用，而重新鼓起精神，是興奮。

零分　其他答案或沒有作答
（A）（B）（D）選項均非正確答案。

第❹題

滿分　（B）味道酸澀。

→ 梅子在未加工醃製前味道酸澀，當大腦想到酸味時即會反射性的分泌唾液。

零分 其他答案或沒有作答

（A）滋味甜美。

→ 梅子未加糖醃製前口味酸澀。

（C）清涼多汁。

→ 梅子的果汁並不多。

（D）果實碩大。

→ 梅子的果實大約五元到十元硬幣的大小。

第 ⑤ 題

滿分 能完整舉出二個例子，寫出對曹操擔任領導者是加分與扣分之處，並提出舉例和評價。

參考解答

	原　因	舉例與評價
加分之處	頭腦靈活	因為士兵征戰遇到酷熱高溫，個個頭昏眼光，口乾舌燥。曹操運用謊言，讓士兵能夠「望梅止渴」，解決當務之急。
加分之處	言而有信	曹操的馬衝入農田，踏毀了莊稼，曹操也勇於承擔錯誤，本欲持劍自刎，後來割髮以代，表現出領導者言而有信的誠意。
扣分之處	擅長說謊	所謂「望梅止渴」，便是說謊、畫大餅之意。身為一個領導者，卻對部屬說謊，日久見人心，部屬也無法對其真誠相待。謊言是最甜蜜的**毒藥**，處理不當的話，團隊可能因此而瓦解。
扣分之處	破壞規定	規範若是由領導者所制訂，領導者可以適度調整規範的彈性，但不能隨意破壞規範準則，否則難以服眾。雖然曹操「割髮以代斬首」，但畢竟二者仍有其程度上的差別，不能完全服眾。

部分分數　僅能舉出一個例子，說明對曹操的評價看法。

零分　「答案不充分或意思含糊」或「對文本的理解不精確，或答案不合理或與問題無關」。

A. 「答案不充分或意思含糊」，例如：

曹操很聰明想到梅子解渴這一招，瞬間安撫了士兵的情緒。

B. 「對文本的理解不精確，或答案不合理或與問題無關」，例如：

帶兵打戰本來就要靠謀略，善意的謊言無傷大雅，能夠被士兵接受。

一件火熱的禮物

古時候的宋國，有個生活貧困又沒有見過識面的農夫。他和妻子住在破破爛爛的茅草屋，穿的是粗布的衣服，老是光腳丫，連一雙草鞋也沒有。

長久以來，農夫一直都居住在鄉下，從來不知道皇帝住得是豪華的屋宇，穿的是綾羅綢緞，鞋子有好幾千好幾千雙呢！

有一年冬天，冷風吹呀吹，穿透農夫千瘡百孔的衣服，他冷得直發抖，衣服也愈拉愈緊。「好冷！」後來，天氣突然放晴了，太陽暖烘烘地照在農夫身上，晒得他好舒服！

「哈哈！太陽光好暖和！」農夫感到無比的滿足。

突然，有個念頭閃過他的腦海，「如果我把晒太陽的溫暖獻給皇帝，一定可以得到重賞，說不定會送我一隻肥美的兔子。」

沒見過識面的農夫，以為別人不曉得陽光很暖和，所以想給皇帝一個驚喜。

而「野人獻曝」這句成語，就是從這則故事濃縮來的。

野人獻曝

 比喻平凡人所能夠貢獻的普通事物。常用來謙稱自己的貢獻。野人：指住在鄉野地方的老百姓。曝：晒太陽。

 關於捐贈海報這件事，我不過是野人獻曝，請各位別嫌棄。

 千里鵝毛

 曝鰓龍門 → 門可羅雀 → 雀屏中選

1 根據「野人獻曝／一件火熱的禮物」故事內容，野人想要贈送給皇帝的禮物是什麼呢？

（A）用綾羅綢緞做的華美衣服。

（B）自己在野外抓到的肥美兔子。

（C）居住在鄉下呼吸的新鮮空氣。

（D）冬天放晴，在外享受晒太陽的溫暖。

PISA【擷取與檢索】

PIRLS【提取訊息】

2 根據「野人獻曝／一件火熱的禮物」故事內容，對生活貧窮又沒有見過世面的農夫來說，冬天能擁有的最棒享受是下列哪一種呢？

（A）享用妻子烹煮的豐盛海鮮大餐。

（B）在晴朗的冬天去戶外晒太陽。

（C）穿著保暖的衣服鞋襪待在家裡。

（D）去繁華的城市逛街買東西。

PISA 【擷取與檢索】

PIRLS 【提取訊息】

❸ 根據「野人獻曝／一件火熱的禮物」故事內容，農夫想把自己晒太陽時享受到的溫暖獻給皇帝，來換取對方的賞賜。這種情形跟下列哪種狀況比較相似？

（A）靜香為了要贏得鋼琴比賽，每天花好幾個小時苦練。

（B）胖虎為了減輕媽媽的負擔，自願待在家裡幫忙顧店。

（C）小夫為了得到喜歡的遙控飛機，利用假日幫爸爸洗車。

（D）大雄為了成為頂尖的棒球國手，每天去棒球隊參加練習。

PISA 【統整與解釋】

PIRLS 【詮釋整合】

④ 如果故事中住在鄉下的農夫，真的排除萬難，到了皇帝居住的京城裡，並且見到了皇帝，獻上自己晒太陽的心得，你覺得他可能得到怎樣的結果呢？（至少寫出兩種可能的結果，並說明原因。）

可能得到的結果	造成這個結果的原因

 【省思與評鑑】

 【比較評估】

⑤ 故事中的農夫因為生活貧窮又封閉，所以誤以為所有人的生活情況都跟自己一樣。我們為了避免也犯這樣的錯誤，有哪些方法可以增廣見聞呢？（至少寫出二種方法，並具體說明如何實行。）

 【省思與評鑑】

 【比較評估】

參考答案

第❶題

 滿分 ▶ （D）冬天晒太陽的溫暖

> → 在文本第五段可以得知。

零分 ▶ 其他答案或沒有作答

（A）（B）（C）選項均不符合題幹旨意。

第❷題

滿分 ▶ （B）在晴朗的冬天去戶外晒太陽

> → 由野人很想將「晒太陽的溫暖」獻給皇帝，可見野人有多麼的享受冬天晒太陽這件事。

零分 ▶ 其他答案或沒有作答

（A）（C）（D）選項均不符合題幹旨意。

第 ❸ 題

（**C**）小夫為了得到喜歡的遙控飛機，利用假日幫爸爸洗車。

→ 小夫想獲取獎賞而幫爸爸洗車，就如同野人想獲取獎賞，而將太陽的溫暖獻給皇帝。

其他答案或沒有作答

（**A**）靜香為了要贏得鋼琴比賽，每天花好幾個小時苦練。

→ 為了有好的成果有勤奮努力。

（**B**）胖虎為了減輕媽媽的負擔，自願待在家裡幫忙顧店。

→ 為了孝順而幫忙分憂解勞。

（**D**）大雄為了成為頂尖的棒球國手，每天去棒球隊參加練習。

→ 為了達成目標而付出努力。

第 4 題

滿分 能明確分析野人獻曝後,可能得到的結果和造成結果的原因共兩項。

可能得到的結果	造成這個結果的原因
皇帝的賞賜	皇帝覺得他傻得很有趣,也感謝農夫願意分享僅有的享受,對自己很忠心,便賞賜了農夫想要的肥美兔子,及其他的錢財衣物。
皇帝的懲罰	皇帝覺得他沒見過世面,還敢來打擾自己,分享的方法更是毫無用處,就懲罰了農夫,把他趕回鄉下,農夫什麼好處也沒有得到。

部分分數 僅能提一項可能得到的結果和造成結果的原因,或理由並不充分明確。

零分 「答案不充分或意思含糊」或「對文本的理解不精確,或答案不合理或與問題無關」。

A. 「答案不充分或意思含糊」,例如:

皇帝龍心大悅下,封農夫當大官。

B. 「對文本的理解不精確,或答案不合理或與問題無關」,例如:

皇帝下鄉去享受日光浴。

第 ⑤ 題

能充分說明二項可以增廣見聞的方法。

參考解答

1 多閱讀：

多閱讀報章雜誌、優良讀物，不但可拓展見聞，也可以讓思考更加靈活有條理。平日我們可以運用班級的圖書櫃、學校的圖書館，假日可以到社區、住家附近的圖書中心，借閱書籍。閒暇時能讀一本本的好書，就像打開了一扇扇的世界之窗。

2 運用電腦網路資訊：

「秀才不出門，能知天下事」，除了可以藉由報紙而知天下事，還可以利用網路資訊。電腦不但可以看新聞、吸收新資訊，目前也有許多學者，將教育學習的課程直接上傳。因此透過網路，我們可以不用親自走訪名校，就能上名校的課程，這也是充實自己的好方法。

部分分數 能說明運用哪種方法，但未能清楚將具體的步驟寫下來，或只寫了一種增廣見聞的方法。

零分 「答案不充分或意思含糊」或「對文本的理解不精確，或答案不合理或與問題無關」。

A.「答案不充分或意思含糊」，例如：

訂閱好幾種報紙和雜誌，或遊遍各地。

B.「對文本的理解不精確，或答案不合理或與問題無
　關」，例如：

所謂「名師出高徒」，我們只要向名師學習一定能夠
突飛猛進。

 NOTE

NOTE

NOTE

NOTE

國家圖書館出版品預行編目資料

東施妹妹愛搞怪:成語故事模擬PISA實戰版／
陳淑玲等合著.--初版.--臺北市:五南, 2015.04
　面；　公分.--(悅讀中文;60)
ISBN 978-957-11-8059-5（平裝）
1.漢語教學　2.成語　3.中小學教育
523.311　　　　　　　　　104003545

1AQ4

東施妹妹愛搞怪
成語故事模擬PISA實戰版

作　　者	陳淑玲　呂倩如　趙文霙　周芃谷
發 行 人	楊榮川
總 編 輯	王翠華
企劃主編	黃文瓊
封面設計	童安安

出 版 者　五南圖書出版股份有限公司

地　　址:106台北市大安區和平東路二段339號4樓

電　　話:(02)2705-5066　　傳　　真:(02)2706-6100

網　　址:http://www.wunan.com.tw

電子郵件:wunan@wunan.com.tw

劃撥帳號:01068953

戶　　名:五南圖書出版股份有限公司

台中市駐區辦公室/台中市中區中山路6號

電　　話:(04)2223-0891　　傳　　真:(04)2223-3549

高雄市駐區辦公室/高雄市新興區中山一路290號

電　　話:(07)2358-702　　傳　　真:(07)2350-236

法律顧問　林勝安律師事務所　林勝安律師

出版日期　2015年4月初版一刷

定　　價　新臺幣280元